Uwe Hoßfeld

Institute, Geld, Intrigen
Rassenwahn in Thüringen, 1930 bis 1945

Die Studien wurden unterstützt durch

Titelbild: Mitarbeiter des Landesamtes für Rassewesen stellen eine „Sippschaftstafel" vor, um 1937. Buchenwaldarchiv 02-4-444

Uwe Hoßfeld ist Professor für Didaktik der Biologie und Vorsitzender des VBio (Verband Biologie, Biowissenschaften & Biomedizinin Deutschland) Thüringen
Anschrift des Verfassers:
Arbeitsgruppe Biologiedidaktik
Biologisch-Pharmazeutische Fakultät
Friedrich-Schiller-Universität Jena
Am Steiger 3, Bienenhaus
07743 Jena
Tel.: 03641/9-49491
Fax: 03641/9-49492
Mail: uwe.hossfeld@uni-jena.de
Web: http://www.uni-jena.de/Uwe_Hossfeld.html

Hervorhebungen, Unterstreichungen, Sperrungen wurden in den Zitaten nicht übernommen.

Diese Veröffentlichung stellt keine Meinungsäußerung der Landeszentrale für politische Bildung Thüringen dar. Für inhaltliche Aussagen trägt der Autor die Verantwortung.

Landeszentrale für politische Bildung Thüringen
Regierungsstraße 73, 99084 Erfurt
www.lzt-thueringen.de
2014

ISBN: 978-3-943588-36-1

„Im Thüringer Wald sollen die Höhenbewohner höher gewachsen sein als die Talbewohner. Die Bevölkerung Sachsen-Weimars ist etwas minder kurzköpfig als seine Umgebung, dabei durchschnittlich höher gewachsen. An den Thüringer Wald schließen sich südlich und östlich Höhenzüge an, die wohl schon vorwiegend ostisch sind, der Frankenwald, das Fichtelgebirge, der Fränkische Jura. Auch Rhön und Vogelsberg sind dunkler als ihre Umgebung. Dem Maintal entlang dringt bis in die Täler der Nebenflüsse hinein ein verstärkter nordischer Zustrom. Vom Thüringer Walde und von Böhmen her reichen die südlichsten deutlicheren Einsickerungen ostbaltischen Blutes bis ins bayrische Oberfranken, bis etwa gegen Nürnberg. In Thüringen hat man (so schon Ranke und Röse) einen stärkeren fälischen Einschlag angenommen. [...] Ich möchte jedoch für Thüringen nur noch einen schwachen fälischen Einschlag annehmen, einen stärkeren für die nordhessischen Gebiete. Bei stärkerem fälischem Einschlag müßten Thüringen und Nordbayern sowohl höheren Wuchs wie große Helligkeit zeigen."

(Hans F. K. Günther (1933): *Rassenkunde des deutschen Volkes*. München: J. F. Lehmanns Verlag, S. 278)

Inhalt

Einleitung	7
Institute, Einrichtungen und Gesellschaften	13
Seminar für Sozialanthropologie	16
Institut für menschliche Erbforschung und Rassenpolitik	24
Ernst-Haeckel-Haus und Ernst-Haeckel-Gesellschaft	33
SS-Mannschaftshaus Trutzburg	46
Medizinisch-Naturwissenschaftliche Gesellschaft zu Jena	47
Personen: Die „Rassen-Quadriga" und mehr	55
Die Akteure	60
Hans Friedrich Karl Günther	60
Karl Astel	62
Victor Franz	64
Gerhard Heberer	66
Lothar Stengel von Rutkowski	67
Heinz Brücher	69
Ludwig Plate	72
Erna Weber	75
Hans Böker	76
„Wissenschaftliche" Themen	79
Rassenkunde, (Paläo-)Anthropologie, Prähistorie und Antisemitismus	80

Rassenhygiene, Volksgesundheit und menschliche Erblehre	95
Erblehre und biologische Statistik	104
Rassenpolitik, Rassenphilosophie und Kulturbiologie	109
Exkurs I: Rasse und Kunst	111
Exkurs II: Rassekurs in Egendorf	113
Exkurs III: Die NS-Lehrerzeitschrift „Der Biologe" (1930/31–1944) aus Thüringer „Rasse"-Sicht	115

Finanzen – Regionale und nationale Netzwerke der Kooperation	121

Rassige Intrigen und Konflikte	131
Haeckels Erben im Konflikt	131
Kampf den Antidarwinisten	136
Verfolgung eines Dialektikers	140
Plagiat durch den Doktorvater	143
Persönliche Suche nach einer SS-Professur	144

Epilog	149

Anhang	
Ausgewählte Dokumente	153
Literatur	161

Einleitung

Die Fragen nach unseren Ursprüngen beschäftigen die Menschen schon seit jeher. Sie spielen bei der Selbstfindung und Herausbildung der eigenen Identität eine große Rolle. Die Wissenschaft hat diese Bedeutung erkannt und ebenso wie die Politik aufgegriffen (Geulen 2007, Hoßfeld 2012). Was über Jahrhunderte als „gottgegeben" galt, stand dank der breiten Diskussionen um die Abstammung des Menschen in der zweiten Hälfte des 19. Jahrhunderts plötzlich zur Disposition. So wurden die Forschungen von Charles Darwin in England und Ernst Haeckel in Deutschland in der (europäischen) Öffentlichkeit breit diskutiert. Dabei kam es recht schnell zu einer Verkürzung der evolutiven Aussagen und parallel dazu oftmals zu einer politisch aufgeladenen Interpretation der Forschungsergebnisse. Besonders im Norden und in der Mitte Europas etablierten sich Interessengruppen, die sich zum Ziel gesetzt hatten, den „nordischen Menschen" (später auch „Arier" genannt) mit als positiv bzw. „superior" empfundenen körperlichen und geistigen Merkmalen aufzuladen. Dabei erregten diese Gruppen eine recht große mediale Aufmerksamkeit und trugen auf diese Weise ihre Vorstellungen in die Gesellschaft. So wurde z.B. im Jahre 1907 auf Initiative von Alfred Ploetz der „Ring Norden", 1910 der „Geheime Nordische Ring" (Nordische Ring, 1926) sowie 1925 die „Nordische Bewegung" gegründet; 1911 folgten Willibald Hentschel mit dem „Mittgart-Bund" sowie der österreichische Publizist Lanz von Liebenfels mit der „Ostara-Gesellschaft" usw. (Lutzhöft 1971, Hoßfeld 2005a).

Dieser positiven Auflagung der „Nordischen Rasse" in der fortschrittspessimistischen Atmosphäre um 1900 folgten zwangsläufig Tendenzen zur Bewahrung der angeblich positiven bzw. „wünschenswerten" Eigenschaften auch im gesundheitlichen Bereich. Es wurde die Politik angefragt, entsprechende Gesetze auszugestalten. Hier sollte platt, kategorisierend nach Minderwertigen und Tüchtigen, gut und schlecht usw. unterschieden werden. Kurz vor dem Ersten Weltkrieg rückten die Begriffe „Menge" und „Qualität" immer stärker in die sozialdarwinistische Perspektive. Dieser „Biologisierungsschub" in der Bevölkerungstheorie und Gesundheitspolitik führte zu neuen Überzeugungen dessen, was angeblich notwendig war. Zu dieser Zeit stießen zunehmend neue Stichworte wie „Eugenik" (Eugenics) in England bzw. den Vereinigten Staaten und „Rassenhygiene", „Rassenkunde", „Rassenbiologie" oder „Rassenpflege" in Deutschland auf breite Resonanz (Simunek & Hoßfeld 2011). Dieser Zusammenhang war ein wichtiger Faktor und treibendes Moment innerhalb der Verwirklichung politisch-ideologischer Visionen. Dabei ging es um Visionen einer „reinen Rasse", einer „Rasse ohne Fremdkörper" oder eines „erbgesunden Volkes". Eine der größten Perversionen bestand in einer Verquickung von „Rasse" und Kultur – also in der Tendenz, ein Volk bzw. eine Nation nicht nur kulturell, sondern auch genetisch abzugrenzen und für eigenartig zu halten (Kevles 1985, Weingart et al. 1988, Weindling 1989, Adams 1990, Glad 2010, Keiter 1938–40, Weikart 2013).

Thüringen nimmt – was die wissenschaftshistorische Tradition des „Rassismus" im 19. und 20. Jahrhundert betrifft – eine größere Rolle ein, als bei dem kleinen Land zu vermuten wäre. Diese Eigenheiten stehen im Kontext zu den historischen Besonderheiten anderer europäischer Nationen, so 1863, als sich zeitgleich in verschiedenen Ländern (Deutschland, England, Italien) Naturwissenschaftler mit der Frage nach der Herkunft und der Stellung des Menschen in der Natur beschäftigten. Die Universität Jena und an ihr tätige Gelehrte (der Zoologe Ernst Haeckel, der Linguist August Schleicher, der Botaniker Matthias Jakob Schleiden, der Mathematiker Karl Snell) ragen dabei besonders heraus. Hier wurden die

Ergebnisse des Darwinismus durch Ernst Haeckel und sein Umfeld so hinterfragt (bspw. eine Verbindung der Biologie mit der Gesellschaft und Politik usw.) wie in keiner anderen deutschen Universität. Später ergaben sich direkte Verbindungslinien (Gründung von biologistischen Zeitschriften, Instituten und Gesellschaften, Kruppsches Preisausschreiben von 1900 usw.) zum Sozialdarwinismus, zur Rassenhygiene, Eugenik, Rassenkunde und dem Monismus (alles lässt sich auf eine Ursache zurückführen).

Rassenhygiene und Rassenkunde sollten in der Folgezeit mit biologischer Anthropologie synonym verwendet werden. Rassenkunde wurde dabei als eine physisch-anthropologische, die Rassenhygiene als eine medizinische Wissenschaft mit zumeist klinischer Orientierung verstanden. Die Rassenbiologie entstand aus der Verknüpfung der Erblehre mit der Anthropologie, menschliche Erblehre und Erbbiologie entsprechen in etwa unserem heutigen Begriff Humangenetik.

Menschen zu erfassen, katalogisieren und kategorisieren kam groß in Mode: Rudolf Virchow, Karl Saller u.a. widmeten sich einer „Rassengeographie Thüringens". Untersucht wurde wie viele Blonde, es wo im Land gab, die Grauäugigen dominierten mit 42,3 Prozent und die Durchschnittsgröße eines Thüringers betrug 1930 1,67 m. Schädel wurden vermessen und daraus eine Zugehörigkeit zu einer menschlichen „Rasse" konstruiert. Der nordische und der mediterrane Einfluss war hingegen sehr gering: die nordische Rasse mit hohem Wuchs, langem Schädel und schmalen Gesicht wurde im Laufe der Jahrhunderte durch Kurzköpfigkeit und braunem Typus abgelöst (Hoßfeld 2006).

Auf diese Forschungen bezog man sich erstaunlicherweise in der Zeit des Nationalsozialismus dann nicht mehr. Hier interessierten vielmehr erbbiologische und erbhygienische Fragen. Messen war vordergründig nicht mehr das angesagte Thema, nun ging es um das Züchten. Thüringen schickte sich an, erstes rassenkundliches Experimentierfeld im Dritten Reich zu werden. Der Aufschwung an rassenkund-

Plakatsammlung ThHStAW

Plakat „Vorkämpfer für Volksaufartung und Rassenkunde" des J. F. Lehmanns Verlages 1930er-Jahre

lichen und vererbungswissenschaftlichen Fragestellungen in den Bereichen der Human- und Biowissenschaften lässt sich ca. ab 1930 für Thüringen lückenlos nachweisen. Die Theorien der Züchter lieferten dabei eine bizarre Mischung aus dem Baukasten der Wissenschaft.

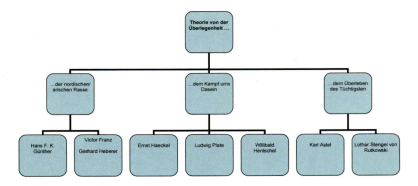

Diese eigene, thüringische rassenkundliche Argumentationsrichtung bestand aus Teilen des Mendelismus, Haeckelianismus, des darwinschen Selektionsprinzips und der Überlegenheit der nordischen Rasse.

Das Motiv für diese hier erfolgte Verschmelzung mag darin gelegen haben, die Theorie von der Überlegenheit der nordischen/arischen Rasse (Hans F. K. Günther, Victor Franz, Gerhard Heberer) mit dem Kampf ums Dasein (Ernst Haeckel, Ludwig Plate, Willibald Hentschel) und dem Überleben des Tüchtigsten (Karl Astel, Lothar Stengel von Rutkowski) zu verbinden (Hoßfeld 2005a): „Seit der Berufung von Günther war die Tradition des „Trutzgaues Thüringen", in allen Zweigen rassischer Aufbauarbeit Vorort des Reiches zu sein, auch an den Stätten seiner Lehre und Forschung von Jahr zu Jahr fortgeschritten."[1]

---

1 Universitätsarchiv Jena (UAJ), Best. BA, Nr. 2029, Bl. 69.

Institute, Einrichtungen und Gesellschaften

Die Institutionalisierung von Fächern wie Rassenkunde, Rassenhygiene, Rassenbiologie, Eugenik, Erbkunde usw. stand an den deutschen Universitäten und Forschungsinstituten (Kaiser-Wilhelm-Instituten) im direkten Zusammenhang mit der praktischen Realisierung rassenhygienischer und vererbungswissenschaftlicher Vorschläge. Eine Vernetzung dieser Fächer mit der Politik ist dabei nicht nur auf die NS-Zeit zu begrenzen. Die Verbindungen von Rassenhygiene, Rassenkunde und Eugenik mit der späteren „völkischen Bewegung" reichen bis zum Ende des 19. Jahrhunderts zurück (Breiling 1971, Mann 1973, Günther 1982; Puschner & Vollnhals 2012). Sie streifen dabei auch unmittelbar Thüringen/Jena. Als Beispiele seien das 1895 vom Rassenhygieniker Alfred Ploetz geschriebene Buch über *Die Tüchtigkeit unserer Rasse und der Schutz der Schwachen*; das sozialdarwinistisch ausgerichtete Kruppsche Preisausschreiben von 1900 – an dessen Konzeption und Realisierung maßgeblich die Jenaer Zoologen Ernst Haeckel und Heinrich Ernst Ziegler beteiligt waren und bei dem Wilhelm Schallmayer mit der Arbeit *Vererbung und Auslese im Lebenslauf der Völker* den ersten Preis erhielt; die seit 1902 von Ludwig Woltmann edierte *Politisch-Anthropologische Revue* sowie das 1904 vom Rassenhygieniker Alfred Ploetz, dem Jenaer Zoologen Ludwig Plate und dem Juristen Anastasius Nordenholz begründete *Archiv für Rassen- und Gesellschaftsbiologie* angeführt.

Seit etwa 1934 – dem Jahr der Gründung des Rassenpolitischen Amtes der NSDAP in Berlin (Leiter Dr. med. Walter Groß) – setzte dann reichsweit eine planmäßig gesteuerte und von politischen bzw. wissenschaftsideologischen Gesichtspunkten getragene „Aufklärung des deutschen Volkes" in Rassenfragen ein: „Der Rassengedanke wurde zur politischen Willenserklärung des Dritten Reiches. Aus den Erkenntnissen der Erb- und Rassenforschung und noch über sie hinaus ist uns diese neue weltanschauliche Haltung erwachsen […]", schrieb Walter Groß 1936.

Die Nationalsozialisten mussten in den Bio- und Humanwissenschaften – was ihre „rassenkundliche Tradition" anging – nichts prinzipiell Neues erfinden. Sie nutzten letztlich das, was Houston St. Chamberlain, Francis Galton, Arthur Gobineau, George Vacher de Lapouge, Gustav le Bon, Willibald Hentschel vorgezeichnet hatten. Jena mit seiner Landesuniversität bot sich dafür besonders an (Hoßfeld 2005a).

Rassenwahn und Antisemitismus des Nationalsozialismus waren auch in Thüringen nicht plötzlich entstanden. Der Weg war spätestens seit dem Ende des 19. Jahrhundert durch die Ideen von Haeckel (Professor in Jena von 1862 bis 1909) und seiner Schüler wissenschaftlich und ideologisch vorgezeich-

(A KPR Praha)

Propagandamaterial aus der persönlichen Sammlung Wilhelm Fricks, 1942

net gewesen. So wurden Thüringen und die Jenaer Universität relativ schnell von diesem (sozialdarwinistischen) Prozess erfasst und nahmen in diesem eine Sonderstellung ein. Thüringen galt in nationalsozialistischer Zeit als „Musterland". Bereits seit 1928/29 verfügte die NSDAP hier über einen gut funktionierenden Partei- und Wahlkampfapparat, wurde am 23. Januar 1930 Wilhelm Frick zum ersten nationalsozialistischen Minister Deutschlands gewählt und zwei Jahre später, am 26. August 1932, eine von der NSDAP bestimmte Koalitionsregierung unter Fritz Sauckel gebildet.

Frühzeitig übten die Nationalsozialisten Einfluss auf die Universität in Jena aus und bestimmten die Richtung der Arbeit in jenen Bereichen, die sie politisch interessierten. Während eines Aufenthaltes in Weimar am 10. Januar 1930 hatte Hitler angeregt, an der Jenaer Universität einen „Lehrstuhl für Rassefragen und Rassenkunde" zu gründen. Fritz Sauckel wollte sogleich mehr: Die Universität Jena zu „einem nationalsozialistischen wissenschaftlichen Stützpunkt erster Ordnung" machen[2] und Karl Astel, Rektor der Universität in den Kriegsjahren, radikalisierte diese Vorstellung hin zu einer „SS-Universität".[3]

Die Richtung wurde durch passendes Personal geprägt. Unter den Rektoraten des Theologen Wolfgang Meyer-Erlach (1935–1937) und des Mediziners Karl Astel (1939–1945) geriet die Universität in den Ruf, eine „braune Universität" zu sein. Bei der Institutionalisierung rassenkundlich und rassenhygienisch ausgerichteter Fächer spielte Thüringen deutschlandweit eine Vorreiterrolle; „Rasse"-Unterrichtsfächer dominierten den Fächerkanon. Außerdem hatte am 15. Juli 1933 die Thüringer Landesregierung im Einvernehmen mit der Reichsregierung ein Landesamt für Rassewesen [nicht Rassenwesen] in Weimar errichtet. Für den Interessierten war schnell klar, dass hier NSDAP und SS in einer Art Beziehungs-

---

2 UAJ, Best. U, Abt. IV, Nr. 16, 'Schnellbrief' von Sauckel an Rust vom 8. März 1943.
3 Ebd., Brief von Astel an Himmler vom 16. November 1937.

geflecht versuchten, wissenschaftliche Beweise für ihre kruden Thesen zu bekommen, auch um diese zu legitimieren. Für die Opportunisten an der Universität gab es Posten, Einfluss und Anerkennung.

Nachfolgend soll die Genese einiger wichtiger Einrichtungen und Gesellschaften vorgestellt werden, die diese Allianz zum gegenseitigen Nutzen praktisch umsetzten.

Seminar für Sozialanthropologie

Die Genese des Seminars für Sozialanthropologie an der Universität Jena lässt sich in drei Phasen unterteilen, wobei nur die ersten beiden unmittelbar mit dessen Leiter Hans F. K. Günther verbunden sind: Phase 1 (März–Juni 1930), Phase 2 (Juli 1930 bis Juni 1935) sowie Phase 3 (1936 bis 1938).

Die erste Phase diente hauptsächlich dazu, die notwendigen Schritte zur Schaffung der Günther'schen Professur einzuleiten und diese auch durchzusetzen. So hatte am 1. März 1930 die Geschäftsstelle des Volksbildungsministeriums Thüringen im Auftrag von Minister Frick dem Dekan der Mathematisch-Naturwissenschaftlichen Fakultät, dem Botaniker Otto Renner, elf Bücher Günthers mit dem Ersuchen, sie zur Vorbereitung der in der nächsten Woche in Aussicht genommenen Besprechung zu verwenden, übersandt.[4] Daraufhin hatte Renner schriftliche Gutachten angefordert (vgl. Anlage 1 und 2). Am 19. März fand dann eine Kommissionssitzung mit dem Rektor statt. Nach dem Verlesen der meist negativen Gutachten wurde mit allen Stimmen gegen eine ein ablehnender Bericht an die Fakultät beschlossen.[5] Noch am selben Tag trat die Mathematisch-Naturwissenschaftliche Fakultät in einer Sitzung zusammen, in der neben der Annahme des Kommissionsvorschlages beschlossen wurde, Günther nur die Mög-

---

4 UAJ, Best. N, Nr. 46/1, Bl. 126.
5 Ebd., Bl. 152.

lichkeit einer Habilitation einzuräumen (gegen drei Stimmen angenommen). Haeckels Nachfolger Plate meldete daraufhin ein Sondergutachten an. Am 21. März lag dann bereits das acht Seiten umfassende Sondergutachten von Plate der Fakultät vor, in dem er sich für eine Berufung von Günther aussprach (vgl. Anlage 3).

In einer am 6. Mai stattfindenden Sitzung beschloss die Fakultät, keinen Widerspruch zu erheben, wenn Günther vom Ministerium die widerrufliche Erlaubnis zum Halten bestimmter Vorlesungen nach § 13 der Hauptsatzung erteilt werden sollte.[6] Der Senat hingegen beschloss in seiner Sitzung (7. Mai) einstimmig (bei zwei Stimmenthaltungen), die Zustimmung zur Erteilung der Vorlesungserlaubnis an Günther abzulehnen.[7]

Am 16. Mai 1930 erfolgte durch Minister Frick, trotz aller angeführten Proteste, die Ernennung Günthers zum ordentlichen Professor mit Lehrauftrag für Sozialanthropologie in der Mathematisch-Naturwissenschaftlichen Fakultät in Jena zum 1. Oktober.[8] Drei Tage später ging diese Entscheidung beim Rektor ein. Auch der Senat beschloss wiederum einstimmig, gegen die Berufung Günthers beim Volksbildungsministerium nach dem vom Rektor vorgelegten Entwurf schriftlich vorstellig zu werden. Am 26. Mai 1930 ging die Eingabe von Rektor und Senat an das Thüringer Staatsministerium mit folgendem Wortlaut: „Wir stellen somit fest, dass bei der Berufung des Herrn Dr. Günther die Hauptsatzung der Thüringischen Landesuniversität, §§ 7 und 8, durch das Staatsministerium durchbrochen worden ist. Dadurch ist das der Universität durch Jahrhunderte hindurch zustehende wichtigste Recht, nämlich das Recht der sachverständigen Mitwirkung bei der Besetzung der Lehrstellen, verletzt, – ein Recht, über

---

6 UAJ, BA, Nr. 2029, Bl. 143, Mitteilung des Beschlusses an den Rektor Heussi durch den Dekan Sieverts.
7 Ebd. Am 9. Mai ging die Mitteilung des Beschlusses an Minister Frick in Weimar durch Rektor Heussi.
8 Vgl. die Anstellungsurkunde Thüringer Staatsministerium Weimar 16. Mai 1930 Dr. Frick; entsprechend dem Beschluss vom 14. Mai (ebd.).

dem Rektor und Senat zu wachen verpflichtet sind. Wir müssen demgegenüber auf das Bestimmteste Verwahrung einlegen und behalten uns, wenn keine Remedur erfolgt, weitere Schritte vor. Angesichts des Schadens, den das Ansehen der Universität Jena durch die wochenlang geführte öffentliche Erörterung der ganzen Angelegenheit in der Oeffentlichkeit und bei den anderen Universitäten bereits erfahren hat und täglich weiter erfährt, sind wir gezwungen, unseren Protest unter Darlegung des Sachverhaltes gleichzeitig der Oeffentlichkeit sowie dem Hochschulverband bekanntzugeben."[9]

Alles vergebens, der Nationalsozialist Frick setzte sich mit brachialen nicht-akademischen Mitteln durch. Am 1. Oktober 1930 trat Günther sein Lehramt in Jena an. Am 22. Oktober wurde er gemäß § 9 der Hauptsatzung der Universität eidlich verpflichtet und in den Großen Senat eingeführt.[10] Am 15. November hielt Günther dann um 12.00 Uhr in der überfüllten Aula der Universität seine Antrittsvorlesung mit dem Titel „Über die Ursachen des Rassenwandels der Bevölkerung Deutschlands seit der Völkerwanderungszeit".

Die Nationalsozialisten feierten ihren Triumph. Zur Demütigung der Universität reiste die Führungsriege der Partei an. Neben Adolf Hitler waren ebenso das Mitglied des Reichstages und Hauptmann a.D. Hermann Göring, Hitlers Stellvertreter Rudolf Heß, Thüringens Innen- und Volksbildungsminister Frick, der 'völkische' Architekt Paul Schultze-Naumburg und der Hauptschriftleiter der Zeitung „Der Nationalsozialist" Dr. Hans Severus Ziegler aus Weimar als Gäste in der Aula erschienen.[11] Das „Jenaer Volksblatt" berichtete unter der Überschrift: „Adolf Hitler bei Günthers Antrittsvorlesung" am 17. November zum Umfeld und Ablauf der Vorlesung: „Der Andrang der neugierigen und sensationslüsternen ‚Phi-

---

9 UAJ, BA, Nr. 1861, Bl. 64-66.
10 Thüringisches Hauptstaatsarchiv Weimar (= ThHStAW), ThVBM, Abt. AV, Loc 2 G, Nr. 294, Bl. 9, Schreiben des Rektors an das Ministerium.
11 Jenaer Volksblatt 41, Nr. 270, vom 17. November 1930.

Titelblatt, 1927

lister' beiderlei Geschlechts, aber auch der ‚Kommilitonen und Kommilitoninnen' war derart, daß die Aula buchstäblich vollgepfropft war und die Mitglieder des Lehrkörpers sich zu ihren Plätzen durch die Menschenmauer hindurch kämpfen mußten. Nur mit Mühe konnte ein Pedell die reservierten Plätze halten. [...] Mittag [...] wurde der Eingang von der Polizei abgesperrt. Wir sahen ‚zu Füßen' des neuen Professors Leute sitzen, die sicher zum ersten Male in ihrem Leben einen akademischen Hörsaal betreten und von den gelehrten Darlegungen wenig oder gar nichts verstanden haben. Die Würde unserer altberühmten Alma mater wurde durch derartige Vorgänge nicht gewahrt, denn die Aula machte beim Erscheinen Hitlers durchaus den Eindruck eines nationalsozialistischen Versammlungslokals. Man begrüßte den Duce mit dem Faschistengruß und einem dreimaligen Heil. Die Vorlesung selbst ging ohne jede offizielle Förmlichkeit vor sich."

Die Antrittsvorlesung geriet dann aus Sicht von Teilen der noch freien Presse einerseits zu einer wissenschaftlichen Farce bzw. NS-Propagandaaktion, wie sie die Weimarer Republik bis zu diesem Zeitpunkt noch nicht erlebt hatte. Andererseits zeigte dieses Ereignis aber bereits in aller Deutlichkeit die Ohnmacht und Hilflosigkeit einer deutschen Hochschule und vieler ihrer Hochschullehrer im Umgang mit dem NS-Staat sowie der nationalsozialistischen Bildungspolitik. Der Biologe Richard Goldschmidt, der 1935 aufgrund seiner jüdischen Herkunft selbst emigrieren musste, hatte genau diese Situation in seinem Gutachten über Günther vorausgesehen, als er bemerkte: „Ich kann aber Ihnen und Ihrer schönen Universität nur mein Bedauern darüber ausdrücken, daß sie immer noch zum Spielball der gerade herrschenden politischen Richtung, bald von links, bald von rechts, gemacht wird, zu ihrem Schaden und zum Schaden des Ansehens der deutschen Wissenschaft."[12]

---

12 UAJ, Best. N, Nr. 46/1, Bl. 171.

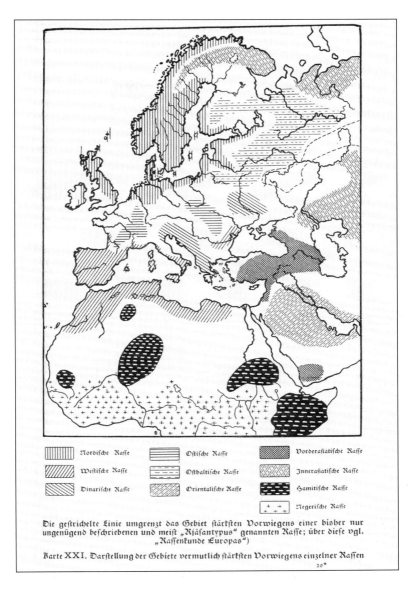

Rassenkarte. Hans F. K. Günther (1933): *Rassenkunde des deutschen Volkes*. München: J. F. Lehmanns Verlag, S. 307

Neben der Antrittsvorlesung sorgte auch noch ein Attentat im darauffolgenden Frühjahr auf Günther für landesweites Aufsehen. Am 9. Mai 1931, um 23.45 Uhr, erfolgte ein Anschlag auf ihn. Zwei Tage später berichtete die örtliche Presse in verschiedenen Beiträgen über den Vorfall. So erschien bspw. ein Bericht in der „Jenaischen Zeitung" unter dem Titel „Mordanschlag auf Prof. Dr. Hans Günther. Zum Glück nur leicht verletzt." Weitere regionale (Das Volk, Jenaer Volksblatt, Weimarische Zeitung, Der Nationalsozialist) und auch überregionale Zeitungen (Völkischer Beobachter, Berliner Tageblatt) thematisierten ebenfalls das Attentat.

Vom Beginn seiner Lehrtätigkeit an bereitete Günther die schlechte materielle Ausstattung seines Seminars Sorgen.[13] Aber da er die Landesregierung hinter sich wusste, wurden alle Engpässe schnell überwunden.[14] Im Januar 1930 hatte sich Günther zudem mit einem Aufruf an eine „Anzahl deutscher Verleger" mit der Bitte um Stiftung von Verlagswerken zur Grundlegung einer Seminarbücherei gewandt. Wer diesem Aufruf nachkam, wusste sehr genau, an welche politische Richtung diese Spende ging (Hoßfeld 1999a).

Fast zweieinhalb Jahre später, am 20. November 1933, bat Günther dann schließlich das Thüringische Volksbildungsministerium, ihn für das Sommersemester 1934 zu beurlauben. Am 6. Januar 1934 erhielt Günther vom Ministerium für das Sommersemester 1934 die Freistellung, um im „Interesse der Volksaufklärung dringend nötige Neubearbeitungen seiner rassenkundlichen Werke" vorzunehmen.[15] Wiederum ein Jahr später, am 4. Januar 1935, unterrichtete er dann in Weimar Oberregierungsrat Friedrich Stier über seine laufenden Verhandlungen mit der Berliner Universität, im Sommersemester 1935 dorthin einen Ruf anzunehmen. Am 5. April erging der

---

13 ThHStAW, ThVBM, Abt. A V, Loc 2 G, Nr. 924.
14 Ebd.
15 UAJ, Best. N, Nr. 46/1, Bl. 198 bzw. ThHStAW, ThVBM, Abt. A V, Loc 2 G, Nr. 924, Bl. 33.

Ruf nach Berlin an ihn: „Den ordentlichen Professor Dr. Hans Günther von der Universität Jena habe ich zum 1. April 1935 in gleicher Eigenschaft [planmäßige Professur für Rassenkunde, Völkerbiologie und Ländliche Soziologie] in die Landwirtschaftlich-Tierärztliche Fakultät der Universität zu Berlin berufen [...] gez. Rust."[16] Günthers Einfluss reichte dann auch aus, um seine Nachfolge ganz nach seinen Wünschen zu regeln.

Die erwähnte dritte Phase umfasste schließlich den Institutsumbau unter Günthers Nachfolger Bernhard Struck. Ab dem 15. April 1936 hielt Struck seine ersten Vorlesungen in Jena; am 1. Oktober erging der Ruf an ihn: „ersuche Sie, vom 1. Oktober 1936 ab die durch das Ausscheiden des Professors Günther [...] freigewordene Professur für Anthropologie und Völkerkunde vertretungsweise wahrzunehmen."[17] Zwei Jahre später (5. Februar 1938) wurde schließlich Günthers Wunschkandidat zum ordentlichen Professor für Anthropologie und Völkerkunde an der Universität Jena ernannt. In den Überlegungen der Neubesetzung des Günther-Ordinariats spielte also neben der Vermeidung von Konkurrenzgebaren zwischen den einzelnen Fachvertretern auch die ab Mitte der 1930er-Jahre in Jena propagierte Argumentationsrichtung in Rassefragen eine besondere Rolle. Struck war im Ernennungsschreiben beauftragt worden, „im Sommersemester 1936 [...] die durch das Ausscheiden des Professors Günther freigewordene Professur für Anthropologie und Ethnologie zu vertreten."[18] Zwei Monate später finden sich in den dazugehörigen Weimarer Archivalien noch weitere Präzisierungen: „Der Lehrauftrag lautet auf Ethnologie und Anthropologie. Diese Bezeichnung entspricht nicht nur dem Wunsche [...] Strucks selbst, sondern ist auch gewählt in Übereinstim-

---

16 UAJ, Best. D, Nr. 1010.
17 UAJ, Best. N, Nr. 46/2, Bl. 597.
18 Ebd., Stier an Universitätsrentamt vom 28. Mai 1936.

mung mit dem Vertreter der menschlichen Erbforschung und Rassenpolitik [Astel]."[19] Eine Woche später wurde noch ergänzt: „In Übereinstimmung mit [...] Astel wird der Begriff Rassenkunde nicht verwendet und die naturwissenschaftliche Fachrichtung des Lehrauftrages durch die Bezeichnung Anthropologie gekennzeichnet und abgegrenzt."[20]

Institut für menschliche Erbforschung und Rassenpolitik

Am 15. Juli 1933 errichtete die Thüringer Landesregierung im Einvernehmen mit der Reichsregierung ein Landesamt für Rassewesen. Es unterstand als selbständige Behörde dem Innen- und Volksbildungsminister Fritz Wächtler, dem Nachfolger Fricks. Zum Präsidenten des Landesamtes wurde der nicht habilitierte Mediziner Karl Astel ernannt. Neben seiner Funktion als Präsident des Landesamtes wurde er außerdem noch am 1. Juni 1934 durch Fritz Sauckel zum ordentlichen Professor für „Menschliche Züchtungslehre und Vererbungsforschung" an die Medizinische Fakultät der Universität Jena berufen. Über das Berufungsverfahren sind keinerlei Akten vorhanden. Astel rühmte sich später öfters seiner guten Beziehungen zum Reichsstatthalter in Thüringen Fritz Sauckel sowie zum Reichsführer SS Heinrich Himmler, wobei Sauckel aber derjenige gewesen sein dürfte, der die Berufung entscheidend forciert und beeinflusst hat. Astel erhielt an der Universität Jena auch ein eigenes Institut für „menschliche Züchtungslehre und Vererbungsforschung", das im Wintersemester 1934/35 seine Arbeit aufnahm. Dieses Institut war aus den personellen und Sachmitteln (Inventar, 3.600 RM, technische Assistentin) der früheren „Anstalt für experimentelle Biologie", dessen Leiter der Biologe und Sozialdemo-

---

19 UAJ, Best. D, Nr. 585, Schreiben aus Weimar vom 21. August 1936.
20 Ebd., Stier an Dr. Panzer im REM in einem Brief vom 2. September 1936.

krat Julius Schaxel gewesen war, in der Kahlaischen Straße 1 in Jena errichtet worden.

Marienstraße 13/15 in Weimar, Landesamt für Rassewesen

Um die zukünftigen Aufgaben zu bewältigen, bediente sich das Weimarer Landesamt an der Universität Jena einer Lehr- und Forschungsstelle. Das Landesamt in Weimar und die Universität Jena sollten sich also von Beginn an ergänzen. In einem Schreiben Sauckels heißt es am 9. April: „Ich beauftrage Präsident Prof. Dr. Karl Astel, Weimar, der für das gesamte Rassewesen Thüringens zuständig ist, die Interessen des Landes und Gaues Thüringen in allen sein Gebiet berührenden Fragen, insbesondere der Erb- und Rassenpflege, der Bevölkerungs- und Rassenpolitik, der Sippenämter und

dergl. bei Reichs- und Parteistellen wahrzunehmen."[21] Dazu ergänzend steht vermerkt: „Es entspricht auch den Ansichten des Führers, neue Einrichtungen des Reiches erst in kleineren Gebieten in der Praxis zu erproben. Das wollen wir hier in Thüringen auf dem Gebiete der praktischen rassischen Betreuung unseres Volkes tun [...]."[22]
Astel vermischte ideologische Überzeugung mit Opportunismus, biederte sich an und denunzierte gern und ausgiebig andere. In seinem ausführlichen Schriftwechsel mit Heinrich Himmler wird deutlich, auf welche Weise Astel Wissenschaftspolitik betrieb: So liest man in einem Schreiben an Himmler am 8. Mai 1935: „Mein Reichsführer! [...] Ihre Wünsche, daß ich in Thüringen Ministerialreferent für Erb- und Rassenpflege mit den Befugnissen einer Aufsichtsbehörde werde [...] habe ich sowohl Ministerialdirektor Dr. Gütt als auch den Reichsstatthalter Sauckel persönlich mitgeteilt. Alle meine Bestrebungen in Thüringen haben das Ziel, Thüringen als Fort in vorderster Linie des SS-Kampfes gegen alle überstaatlichen Mächte einschließlich des Christentums und für die Durchdringung des Volkes mit lebensgesetzlichen Denken auszubauen. [...] Die Universität Jena soll SS-Universität werden! [...] Ich bitte um baldige Durchführung des grossen Besuches des Thüringischen Landesamtes für Rassewesen in Weimar, den Sie, mein Reichsführer, in Begleitung von Darré, Sauckel, Günther und anderen, etwa Rosenberg, in Aussicht gestellt haben [...] Ihre Grüße an Stengel-v.-Rutkowski habe ich ausgerichtet, er dankt bestens und erwidert sie herzlich."[23] Ein anderes Beispiel für diese charakterlichen Eigenheiten sind Astels Äußerungen über die Konzentrationslager im Oktober 1938 auf einer Tagung der „Deutschen Gesellschaft für psychische Hygiene": „'Zehntausende von schlimmsten Ballast-

---

21 BA Berlin, NS 19/1838, Abschrift Sauckels vom 9. April 1935, Unterstreichung im Orig.
22 Ebd.
23 Ebd., Brief von Astel an Himmler vom 8. Mai 1935.

existenzen werden auf diese Weise [...] unschädlich gemacht und in beträchtlichem Maße sogar nutzbringend verwendet. Er [Astel] wird 1943 mehrmals von Linden gerügt werden, weil in seinem Dienstbereich offen die Euthanasie propagiert wird: ‚Wie Sie wissen, wünscht der Führer, daß jede Diskussion über die Frage der Euthanasie vermieden wird'" (Klee 1997: 342). Astel schreckte aber auch nicht vor Denunziation zurück: „So rühmt er sich, den stellvertretenden Amtsarzt von Stadtroda durch Gestapoverhör zum Eingeständnis widernatürlicher Unzucht gezwungen zu haben" (Klee 2001: 231). An anderer Stelle heißt es: „sprach er in einem Brief an Himmler den Kriminalbiologen Viernstein und Fetscher samt den Experten des Reichsjustizministeriums die Kompetenz in Sachen Kriminalbiologie ab. Dann wieder warnte er 1941 Himmler vor den gefährlichen Lehren des Rudolf Steiner, die durch den Stellvertreter des Führers gefördert

Jenaer Institut Kahlaische Straße 1

würden – sein Mitarbeiter Stengel-Rutkowski habe Material über Steiner gesammelt und dem SD übersandt" (Harten et al. 2006: 307).

Bei einer inhaltlichen Einschätzung und Bewertung des Jenaer Institutes müssen zwei Zeitebenen unterschieden werden: die erste von 1933 bis 1934/35, als das Weimarer Landesamt noch separat arbeitete und den Zeitraum von 1934/35 bis 1945, als es die „wissenschaftliche Kooperation" mit der Jenaer Universität in Form der Professur und des Institutes mit der Abteilung Lehre und Forschung gab. Die Aufgabe des Jenaer Institutes bestand in Kooperation mit dem Landesamt in Weimar vor allem darin, alle notwendigen erbbiologischen, bevölkerungs- und rassenpolitischen „Gesetze, Maßnahmen und Methoden weltanschaulich, wissenschaftlich und politisch als zentrale Stelle zu unterstützen und durchzuführen, gegebenenfalls auch vorzubereiten und zu erproben, zu verbessern und neu zu ersinnen" (Hellwig 1937/38). Das Landesamt hatte neben anderen Abteilungen auch eine kriminalbiologische und psychiatrische Sammelstelle sowie „ein von modernster Bürotechnik und Organisation unterstütztes, die Gesamtbevölkerung von Thüringen rassehygienisch betreuendes Erbarchiv als Grundlage einer bereits verwirklichten und daher über die Grenzen Deutschlands hinaus als mustergültig bekannten staatlichen Erbbestandsaufnahme" (ebd.). Das Rasseamt war zudem in Personalunion mit dem Staatlichen Gesundheits- und Wohlfahrtswesen des Thüringischen Ministeriums des Innern verbunden. Die Herausgeber von „Volk und Rasse" (Zeitschrift der Deutschen Gesellschaft für Rassenhygiene) definierten die Aufgaben des Amtes wie folgt: „[...] ausreichende Fortpflanzung der erbgesunden deutschen Menschen zu sichern; Befreiung des „Lebensstromes unseres Volkes von kranken und fremden Erbanlagen"; Ausschalten der Erbkranken von der Fortpflanzung (Sterilisierung); Aufklärung und Schulung aller Berufsgruppen auf Erkennung „unserer lebensgefährlichen Lage und ihrer Ursachen, auf

Unterricht in erbbiologischen und rassenhygienischen Maßnahmen mit besonderer Berücksichtigung der Methoden der erbkundlichen Bestandsaufnahme der Bevölkerung und der Feststellung Erbkranker" (Reche & Schultz 1933: 155). Bereits kurz nach der Gründung konnte Astel erste Ergebnisse vermelden: „14 Rasse-Lehrgänge durchgeführt, dabei wurden 985 Lehrer, Amtswalter und Polizeibeamte in je viermal zwei Vortrags- und Unterrichtsstunden mit den Grundzügen der Vererbungslehre, Rassenhygiene und Bevölkerungspolitik vertraut gemacht. Es wurden außerdem 375 Ärzte, 51 SS- und 89 SA-Ärzte geschult; Schaffung eines erbbiologischen Archivs (1.000 Tafeln bis Ende 1933; Ende 11/1934 waren 321.000 Personen im erbbiologischen Archiv erfasst); erfolgte Zuarbeit zur Sauckel-Marschler-Stiftung (ca. 3.620 der in Frage kommenden Personen von kinderreichen Familien untersucht), Bearbeitung von bisher 130 Einbürgerungsfällen (Volk und Rasse 8, 1933)."

Im Sommer 1937 fokussierte Astel nochmals die inhaltlichen Schwerpunkte seiner Einrichtungen dahingehend, dass er a) diese auf die Erforschung der Homosexualität in Thüringen legen wollte und Heinrich Himmler direkt bat, ihm zeitnah „die Anschriften von mindestens 100 spezifische[n] Homosexuellen aus Thüringen" zu übermitteln sowie b) die Häufung der Kriminalität hinsichtlich des Ausmaßes in der Sippschaft der Kriminellen zu untersuchen. Hierfür wollte er sich auf das Material im Landessamt stützen, wo bereits 4.600 in Thüringen inhaftierte Kriminelle mit Bildern und Verwandtschaftsaufzeichnungen registriert waren.[24] Ein letzter Schwerpunkt sollte in der „Unehelichenarbeit" liegen (1936 und 1937 waren nach Astels Angaben 3.000 Kinder unehelich geboren worden). Zudem hatte Astel sich 1935 ausführlich auch zu den „Ausführungsbestimmungen der Nürnberger Gesetze" geäußert.

---

24   BA Berlin, NS 19/1838, Brief von Astel an Himmler am 14. Juni 1937.

Buchenwaldarchiv, 02-4-44

Mitarbeiter des Landesamtes in einem Archivraum, vermutlich 1937

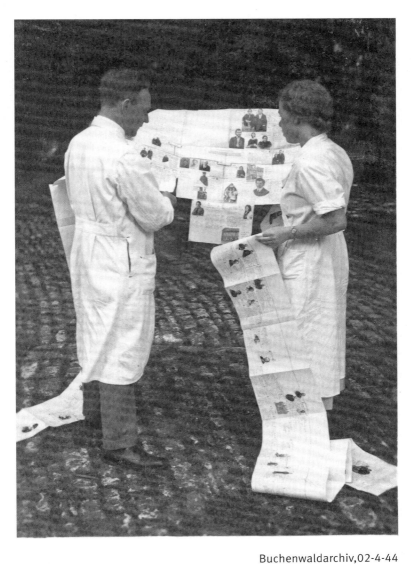

Buchenwaldarchiv, 02-4-44

Mitarbeiter des Landesamtes in Weimar beim Betrachten einer Ahnentafel, vermutlich 1937

Das Landesamt erfasste undifferenziert alle erreichbaren Daten. Der Zweck der Sammelleidenschaft blieb aber zunächst unklar. Hinsichtlich der Kriminalbiologie sah das Landesamt „seine Aufgabe offenbar darin, möglichst viele Strafgefangene zu erfassen und weniger darin, für praktische Zwecke der Tätertypisierung und sozialen Prognostik nutzbare Daten zu sammeln. Die Ermittlungsberichte der Strafanstalten zeichnen ein recht ausführliches Bild des Untersuchten. Hier werden die sozialen und wirtschaftliche Verhältnisse, erbbiologische Aspekte, Schulbildung und beruflicher Werdegang beschrieben. Aber auch diese Gutachten beschränken sich auf die Datendokumentation; eine strafrechtlich relevante kriminologische Beurteilung fehlt gänzlich [...] Eine Besonderheit bestand jedoch darin, daß diese Erhebungen unabhängig von der Strafhöhe bzw. dem begangenem Delikt durchgeführt wurden. Anders als in der Praxis des kriminalbiologischen Dienstes wurde [sic] die Erhebungen auch auf politische Delikte ausgedehnt" (Simon 2001: 199, 197).

Im Jahre 1941 hatte dann der Psychiater Gerhard Kloos, Direktor der Landesheilanstalt Stadtroda und Beteiligter an nationalsozialistischen Euthanasieverbrechen, im Auftrag des Thüringischen Landesamtes für Rassewesen schließlich noch sein Buch *Anleitung zur Intelligenzprüfung und ihrer Auswertung* bei Gustav Fischer herausgebracht – 1943 folgte die zweite Auflage, 1965 in der BRD die fünfte Auflage: „Unter den Erbleiden, die den Amtsarzt und Erbgesundheitsrichter am meisten beschäftigen, steht der angeborene Schwachsinn zahlenmäßig an erster Stelle [...] Was mir in meiner Tätigkeit als Gutachter und Beisitzer des Erbgesundheitsobergerichts Jena als häufiger Mangel der Voruntersuchungen auffiel, war das Fehlen einer klaren Gliederung der Befunde, die zu geringe Vielseitigkeit der Intelligenzprüfungen und nicht zuletzt die unzulängliche Berücksichtigung der eigentlichen Verstandesaufgaben gegenüber den Wissensfragen; gelegentlich fand ich auch ausgesprochen ungeeignete Fragen" (Kloos 1941: 1).

Bereits in seiner nach wissenschaftlichen Gesichtspunkten fragwürdigen Antrittsvorlesung über „Rassendämmerung und ihre Meisterung durch Geist und Tat als Schicksalsfrage der weißen Völker" am 19. Januar 1935 bemerkte Astel in der Aula der Jenaer-Universität zu den künftigen Aufgaben der „Deutschen Wissenschaft": „Daher wollen wir in Zukunft den Wert einer Wissenschaft nicht mehr nach der geistigen Leistung an sich, die für sie aufgewandt worden ist, messen – wie bisher –, sondern ausschließlich nach ihrem Sinn und Zweck für das gesunde Leben und dessen Erhaltung und Vervollkommnung. Damit legen wir der neuen deutschen Universität, der Hochschule des Dritten Reiches, erst das rassische und lebensgesetzliche Denken zugrunde" (Astel 1935: 206).

Das Landesamt kann aus heutiger Sicht als „Datenkrake" bezeichnet werden. Allerdings sollte es nicht bei der Erfassung von Daten bleiben. Den „Wissenschaftlern" in Jena ging es um die Züchtung von Menschen. Die „gebotene" Selektion stellte für sie weder ethisch noch wissenschaftlich ein Problem dar. Die Thüringer hatten guten Grund, sich vor der Universität in Jena zu fürchten. Heberers Institut für „Allgemeine Biologie und Anthropogenie" war ebenfalls in Astels Institut in der Kahlaischen Straße – zunächst in zwei Räumen – untergebracht.

Ernst-Haeckel-Haus und Ernst-Haeckel-Gesellschaft

Das Ernst-Haeckel-Haus (EHH) ist eines der ältesten wissenschaftshistorischen Institute in Deutschland. Die Institutsgründung ist hier unmittelbar mit der Person des Zoologen Ernst Haeckel verbunden, woraus der Schwerpunkt im Bereich der Biologiegeschichte erwuchs.

Als erster Direktor, der Museum und „Institut" bzw. „Archiv" zugleich repräsentierte, nahm Heinrich Schmidt 1920 seine Arbeit auf. Dessen Antrag, eine Anstellung an der Universität zu erhalten, wurde vom Kurator abgelehnt.[25] Während seiner 15-jährigen Amtszeit (1920 bis 1935) widmete sich Schmidt dann vor allem editorischen Aufgaben. Nachdem er bereits 1912 ein *Wörterbuch der Biologie* und ein *Goethe-Lexikon* herausgegeben hatte, bearbeitete er ständig neue Auflagen (bis zu seinem Tode neun) des von ihm begründeten, noch heute erscheinenden *Philosophischen Wörterbuches* im Kröner Verlag. Seine noch zu Lebzeiten Haeckels erschienene und von diesem angeregte *Geschichte der Entwicklungslehre* war das erste in die von Haeckel beabsichtigte Richtung zielende Forschungsprojekt, das von Schmidt aber nicht fortgeführt wurde. Die dort angekündigten weiteren Bände sind nicht erschienen. Mit seiner Schrift *Harmonie-Versuch einer monistischen Ethik* (1931) versuchte er wohl auch der ihm zugedachten Aufgabe der „Förderung der allgemeinen Entwicklungslehre in Verbindung mit monistischer Philosophie" gerecht zu werden. Seine relativ unabhängige Stellung als Direktor des Haeckel-Hauses diente Schmidt darüber hinaus als institutionelle Basis für sein propagandistisches Wirken als Schriftleiter und Referent innerhalb des von Haeckel 1906 begründeten Deutschen Monistenbundes (DMB). In gleicher Weise nutzte er die von ihm herausgegebene Zeitschrift des DMB, die *Monistischen Monatshefte*, die ab 1932/33 unter dem Titel *Stimme der Vernunft. Monatshefte für wissenschaftliche Weltanschauung und Lebensgestaltung* erschien und 1933 ihr Erscheinen mit dem Verbot des Bundes einstellen musste. Im gleichen Jahr begründete Schmidt daraufhin die Zeitschrift *Natur und Geist, Monatshefte für Wissenschaft, Weltanschauung und Weltgestaltung*, die er bis zu seinem Tode 1935 herausgab. Schmidt verdanken wir auch die Edition mehrerer Haeckel-Briefausgaben (Haeckel 1921a, 1921b), von Reiseskizzen Haeckels (Haeckel 1923a, 1923b) sowie die sechsbändige Ausgabe *Gemeinverständliche Werke* (1924).

---

25   UAJ, Best. C, Nr. 808, Bl. 67.

Das Ernst-Haeckel-Haus in Jena

Der 100. Geburtstag Haeckels im Jahre 1934 wurde an der Universität groß begangen. Schmidt würdigte Haeckel aus diesem Anlass mit einer Biographie *Denkmal eines großen Lebens* (1934) und widmete das Februar-Heft der Zeitschrift *Natur und Geist* diesem Jubiläum. Das Buch wurde auf Kuratoriumsbeschluss einem ausgewählten Personenkreis überreicht, wozu laut handschriftlicher Aufzeichnung Schmidts u.a. auch Hitler, Goebbels, Frick, Sauckel, R. Hess und A. Rosenberg gehörten.[26] Ein Blick in das Inhaltsverzeichnis verrät, wie Haeckel in die nationalsozialistische Ideologie „eingetaktet" wurde.[27] So liest man: „Sein [Haeckels] naturverbundenes biologisches Denken feiert im neuen Reich eine überraschend kraftvolle Auferstehung. Der religiöse Aufbruch der Gegenwart bewegt

---

26 Archiv des EHH, Nachlass H. Schmidt.
27 Natur und Geist (1934), Heft 2; vgl. dazu auch das Haeckel-Heft der Zeitschrift „Der Biologe" (1934), 3. Jg., Heft 2.

sich vielfach in den Bahnen seiner ebenso einfachen wie erhabenen Naturreligion, Deutschland, das er glühend liebte, für dessen Einheit, Größe und Macht er immer wieder eintrat, Deutschland, das sich auf sich selbst besinnt, besinnt sich auch wieder auf ihn, den großen Deutschen" (Schmidt 1934: V).

Mit diesem Zitat lag der Autor im Trend der Zeit und verortete sehr früh – insbesondere für den Jenaer Raum - den nationalsozialistischen Stellenwert der wissenschaftlichen Leistungen Haeckels für die neue biologisch-rassische Argumentation in Evolutionsfragen. Zentral und typisch für die pro-nationalsozialistische Haeckel-Argumentation jener Zeit war dabei Schmidts Teilkapitel „Der Deutsche" (ebd.: 72–79). Hier bediente er sich ganz der Sprache des „Dritten Reiches" in Verbindung mit der vorherrschenden Germanomanie: „Das Deutschtum lag ihm, dem blonden Germanen, im Blut" (ebd.: 72). Im Folgekapitel kam dann noch der NS-Kitsch hinzu: „Haeckel war eine 'urgermanische Lichtgestalt'. Seine helle Hautfarbe, das blonde Haar und die strahlend blauen Augen machten ihn 1881 den Indern zu einem Angehörigen der höchsten Kaste [...] Sein Körper war ebenmäßig hoch und schlank gewachsen, imponierend. Auf dem Seziertisch maß er noch 1,75 Meter. Imponierend war insbesondere der mächtige, aber im Verhältnis zu dem mächtigen Körper keineswegs zu große Kopf mit seiner prachtvollen Stirn. Das Kopfmaß betrug 63 Zentimeter, die Kapazität seines Schädels, gemessen bei der Sektion, 1700 Kubikzentimeter; das Gehirn wog 1575 Gramm" (ebd.: 80–89).

Die offizielle Rede bei der Gedächtnisfeier der Universität wurde am 16. Februar 1934 in der Aula der Universität dann aber von Schmidts späterem Nachfolger Victor Franz gehalten und trug den Titel „Das heutige geschichtliche Bild von Ernst Haeckel": „Nachdem aber es mir zufiel, die Gedenkrede zu halten, da zwei Berufenere zurücktraten – Geheimrat Maurer, einer der Getreuesten Haeckels, verzichtete deshalb, weil er schon bei zwei früheren Gelegenheiten die Fest- und Gedenk-

Ernst Haeckel im Kreise seiner Schüler, (dritter stehend von rechts: Heinrich Schmidt)

rede auf den Meister gehalten hatte, und der nach Dienststellung gleichfalls berufenere Professor Plate aus dem naheliegenden Grunde seiner bekannten Haeckelfehde –, gab der überreiche Stoff mir Gelegenheit, am gleichen Tage im 'Völkischen Beobachter', Ausgabe für Norddeutschland, den Aufsatz 'Das Göttliche im Gottesverneiner' zu bringen. Das war die erste Würdigung unsres Großen im führenden nationalsozialistischen Blatte, zugleich der verbreitetsten Zeitung Deutschlands, und sollte doch als solche jedem Haeckelfreund im Gedächtnis bleiben" (Franz 1936c: 291). Er würdigte hier die Verdienste Haeckels um den Ausbau der Entwicklungslehre und legte seine eigenen darüber hinausgehenden Beiträge zur Problematik der Vervollkommnung und der Überlegenheit von zunehmender Differenzierung und Zen-

Titelblatt, 1936

tralisation im Kampf ums Dasein dar. Nach seiner Ansicht galt dieses „Gesetz des biologischen Fortschritts durch Differenzierung und Zentralisation" auch für das Staatsleben und bildete zugleich die wissenschaftliche Legitimation für das „Führerprinzip" (Franz 1934b). Wie der Franz-Schüler, der Botaniker Karl Mägdefrau, in einem Brief an den Verfasser vom 24. Oktober 1990 berichtete, musste Franz das wörtlich ausgearbeitete Manuskript des Vortrages allerdings dem damaligen Rektor, dem Physiker Abraham Esau, vorlegen, der alles Weltanschauliche herausstrich, um keinen Anstoß zu erregen. Dieser Teil des Manuskriptes wurde am gleichen Tag im *Völkischen Beobachter* veröffentlicht.

Damit war die Grundlage für eine arische Haeckel-Interpretation bereitet. Mit der Amtsübernahme durch Franz zum 1. Juni 1935 änderte sich auch das Profil der Einrichtung. Am 30. April 1936 erfolgte schließlich durch direkte Weisung des Reichsministeriums in Berlin seine Ernennung zum persönlichen Ordinarius an der Universität[28], die mit einer Ausweitung seiner Lehrverpflichtungen auf Vererbungslehre und Geschichte der Zoologie verbunden war: „Ihre Verpflichtung, die Zoologie, insbesondere die Phylogenie, in Vorlesungen und Übungen zu vertreten, wird auf die Vererbungslehre und die Geschichte der Zoologie ausgedehnt."[29] Am 21. November 1936 hielt Franz seine Antrittsrede zum Thema „Entwicklungslehre und Aufstieg", welche wiederum die von ihm bevorzugt diskutierte Thematik der aufsteigenden Entwicklung (Vervollkommnung, Höherentwicklung, Differenzierung, Zentralisation) im Tierreich zum Gegenstand hatte (Franz 1907, 1911a, 1911b, 1920, 1931, 1935a-1937b). Ab 1940 hielt er regelmäßig Vorlesungen zur „Geschichte der Zoologie" (1 SWS) ab. Damit war die Biologiegeschichte als Lehrfach an der Mathematisch-Naturwissenschaftlichen Fakultät etabliert und der erste Schritt zur Institutionalisierung an der

---

28 Archiv des EHH, Nachlass Franz, Best. Z.
29 UAJ, Best. BA, Nr. 975, Bl. 211.

Jenaer Universität vollzogen. Besuche von Rassenpolitischen Arbeitsgemeinschaften (15. April 1939), Ortsgruppen der NSDAP, Abordnungen des Gaustudentenführers von Thüringen gehörten im Haeckel-Haus in jenen Jahren zum Alltag.[30] Auf Antrag von Franz[31] führte das Ernst-Haeckel-Haus ab Januar 1939 mit Genehmigung des Reichsministers für Wissenschaft, Erziehung und Volksbildung die Unterbezeichnung „Anstalt für Geschichte der Zoologie, insbesondere der Entwicklungslehre", wurde als solche auch im Vorlesungsverzeichnis ausgewiesen und war somit als Forschungsstätte noch enger in die Universitätslandschaft eingebunden.
Victor Franz verfolgte also vorrangig zwei Ziele, die eng miteinander verknüpft waren. Einerseits wollte er seine Professur stärken, andererseits ging es ihm um die Abwehr von Angriffen auf Ernst Haeckel. Die Umdeutung Haeckels im nationalsozialistischen Sinn gelang nicht so schnell und unwidersprochen wie sich die Mitarbeiter des Haeckel-Hauses das erhofften.[32] Da die Angriffe von Ernst Krieck, Bernhard Bavink sowie führenden Nationalsozialisten wie Walter Groß (Rassenpolitisches Amt der NSDAP) u.a. gegen die Haeckelschen Auffassungen betreffs Monismus, Materialismus etc. andauerten und – wie z.B. Krieck – in Artikeln der „Völkisch-Politischen Anthropologie", dessen evolutionsbiologische und materialistische Positionen massiv angriffen und die Anhänger seines Monismus als geistig „minderbemittelt" und „liberal-wilhelminische Spießbürger" verspotteten, musste und wollte Franz als Direktor des Hauses nach Wegen der Abwehr suchen.[33]

---

30 Archiv des EHH, Nachlass Franz, Best. Z, Ordner 1. April 1938 bis 31. März 1940.
31 Ebd., Kuratoriumssitzung vom 6. Februar 1937.
32 Vgl. den Zeitungsartikel „Vom Ernst-Haeckel-Haus der Universität". Jenaer Volksblatt vom 27. Dezember 1936; „Neuer Leiter im Ernst-Häckel-Haus" (Thüringische Staatszeitung; später Thüringer Land vom 27. Dezember 1935) und „Blick in die Stadt" (Jenaische Zeitung vom 27. Dezember 1935).
33 Archiv des EHH, Nachlass Franz, Best. Z.

Monismus

Unter Monismus versteht man eine Philosophie, die versucht, die Mannigfaltigkeit des Seienden auf ein Prinzip zurückzuführen oder diese Mannigfaltigkeit aus einem einheitlichen Prinzip abzuleiten. Als Weltanschauung erhebt sie den Anspruch zum Weltverständnis beizutragen. Bekannt wurde die monistische Weltanschauung durch Ernst Haeckel, Wilhelm Ostwald und Auguste Forel, die auf unterschiedliche Weise versuchten, den Monismus naturwissenschaftlich zu begründen. Der Monismus ist eine Weltanschauung unter vielen, doch werden Teilaspekte (Einheit der Naturwissenschaften) immer wieder diskutiert. Für Haeckel ist das fundamentale Weltprinzip des Monismus das Substanzgesetz. In seinem Werk *Die Welträthsel* (1899) besteht es aus dem Grundgesetz von der Erhaltung des Stoffes nach Lavoisier (Konstanz der Materie) und dem Grundgesetz von der Erhaltung der Kraft nach Meyer und Helmholtz (Konstanz der Energie). In *Die Lebenswunder* (1904) kommt als drittes Moment das Empfindungsprinzip der Substanz (Psychom) hinzu. 1914 sind die drei Attribute oder Grundeigenschaften der Substanz die raumerfüllende Materie (Stoff) nach Holbach und Büchner, die wirkende Energie (Kraft) nach Ostwald und die empfindliche Weltseele (Psychom) nach Mach und Verworn. Haeckel nutzt in seinen späten Schriften die Psychomatik als Fundamentalprinzip zum Entwurf seines Pantheismus (Weber & Hoßfeld 2006).

So entstand die Idee eine Ernst-Haeckel-Gesellschaft (EHG) zu gründen. Der Zoologe Gerhard Heberer hatte sich seit Beginn der 1930er-Jahre in mehreren Arbeiten bereits ausführlich mit Leben und Werk Haeckels beschäftigt und galt bezüglich Haeckel neben Franz als kompetenter Gesprächspartner (ab 1938) an der Universität Jena (Hoßfeld 1997: 162–173). Franz trug sich mit dem Gründungsgedanken bereits das Jahr 1941 hindurch, wie Heberers Tagebuchaufzeichnungen beweisen: „Anruf vom Rektor – will gleich zur Universität. Treffe dort Victor Franz, der mir von der geplanten Gründung einer EHG erzählt – guter Gedanke. Ich gehe vor ihm zum Rektor, der meine Meinung in diesem Plan erst hören will – ich setze mich dafür ein. Astel stimmt daraufhin zu. Franz wurde gerufen und freute sich sehr über die Genehmigung – war sogleich damit einverstanden, daß in den Beirat auch v. Volkmann und Frau (E. Haeckels Enkelin) aufgenommen werden. Astel tritt als 'Förderer' ein."[34] Jahre zuvor hatte Astel in Brüchers „Erbbiographie" über Haeckel notiert: „Eines der mutigsten und wesentlichsten Vorkämpfer naturgesetzlichen Staatsdenkens und arteigener Besinnung auf dem Gebiet deutscher Wissenschaft und Weltanschauung und des bisher genialsten deutschen Biologen" (Brücher 1936: 3).

Die Gründungswehen der Gesellschaft sollten sich aber noch bis Ende 1941 hinziehen. Am 24. September 1941, um 17.00 Uhr, trafen sich schließlich Heberer und das Ehepaar von Volkmann wieder bei Franz im Haeckel-Haus, um bei ihm, „eine fast zweistündige z.T. etwas scharfe Unterweisung über den Aufbau und die Ziele der Haeckelgesellschaft zu erhalten."[35]

Mit einem Schreiben vom 23. Juli 1941 wurde Franz schließlich noch beim Reichsstatthalter und Gauleiter von Thüringen Fritz Sauckel in Weimar vorstellig und bat um Übernahme der Schirmherrschaft für die zu gründende Gesellschaft. Er begründete seinen Wunsch damit, daß eine EHG „etwas so Natürliches und Gegebenes sei, wie ein Schillerbund, eine Dante-Gesellschaft": „Wenn wir Ihren Namen, Herr Gauleiter, unter dem der Gesellschaft (also nicht notwendig als Unterschrift) führen dürfen, so erreichen wir dadurch in bestimm-

---

34 Nachlass Heberer, Tagebuch 1941, S. 121 f., im Besitz von Uwe Hoßfeld.
35 Ebd., S. 152.

Mitte November erscheint

Ernst Haeckels Bluts- und Geisteserbe

Von Heinz Brücher

Mit 16 Abb. und zwei Sippschaftstafeln.
Geh. Mk. 8.80, Lwd. Mk. 10.—.

Ernst Haeckel, der hervorragende Naturforscher und begnadete Künstler, ist zu Unrecht von der vergangenen liberalistisch-marxistischen Zeit in Anspruch genommen worden. In Wahrheit war er ein Vorkämpfer der heutigen Zeit, in der seine biologischen Forschungen wie sein leidenschaftliches Gottsuchen erst das richtige Verständnis im neuen und besonders beim jungen Deutschland finden.

Es ist etwas ganz Neues, das uns Brücher in seinem Buch bietet. Er geht bewußt über die Art bisheriger Lebensbeschreibungen hinaus. Sein Buch ist eine Lebensdeutung, die sich der schicksalsbestimmten Kraft des Geschlechtererbes bewußt ist und in ihm den entscheidenden und ursächlichen Anstoß für die schöpferische Tätigkeit eines Menschen findet.

Ein Blick auf das Inhaltsverzeichnis zeigt den Aufbau des Buches: Ernst Haeckels Persönlichkeit und Sippe: Entwicklung und Rassenerbe Ernst Haeckels (Religiöse Entwicklung. Der Weg zum Naturforscher. Die Frauen um Haeckel. Franziska von Altenhausen) / Lebensbild der Ahnen und Erbbild der Sippe.

Ernst Haeckels Leistung und Geisteserbe: Der Naturforscher. Die Bedeutung von Haeckels Entwicklungslehren und Lebensgesetzen für die Gegenwart / Der Kulturbiologe. Wege zu einem lebensgesetzlichen Staatsaufbau / Der Heide. Kampf für einen deutschen Glauben / Der Künstler. Werke des Friedens.

Das geistige Vermächtnis: Grundzüge eines biologischen Weltbildes.

Haeckels Erbe wird heute vom jugendkräftigen gläubigen Aufbruch der jungen Nation getragen. Brüchers Buch zeigt, welchen Nutzen das neue Deutschland aus der Persönlichkeit dieses Kämpfers ziehen kann.

J. F. Lehmanns Verlag / München 2 SW.

Verlagsanzeige zum Buch

ter Hinsicht eine klare Linie. Die Ernst-Haeckel-Gesellschaft ist keine politische Vereinigung, trotzdem will sie mit absolut klarer politischer Stellung ihrer Mitglieder zum Deutschland Adolf Hitlers und zu seinem Führer rechnen. Für mich als wohl langjährigsten Parteigenossen unter den Jenaer Universitätsprofessoren nach unserem Rektor Herrn Staatsrat Astel und bei meiner starken und innigen Verehrung des Führers ist das durchaus eine Selbstverständlichkeit. Es wäre also wünschenswert, wenn man auch für Kreise, in denen man Person und Eigenschaft von ihr nicht kennt, diese Richtunggebung klar zum Ausdruck bringen könnte, damit keine irgendwie oppositionell eingestellten Kräfte sich unter uns mischen und unsere reinen Ziele verunklaren können. Dies ist der Hauptgrund meiner Bitte an Sie, Herr Gauleiter [...]."[36] Der eher bildungsferne Sauckel sicherte sich zunächst in Berlin ab. Nachdem sein Freund Martin Bormann und Reichsminister Alfred Rosenberg zugestimmt hatten, wagte Sauckel sich für die Übernahme der Schirmherrschaft zu entscheiden.[37] So war von entscheidenden Teilen der NSDAP-Regierung das Einverständnis für eine Gründung gegeben. Als letztes musste von Franz noch der Beirat der Gesellschaft komplettiert werden. Er war dabei bemüht, möglichst prominente und wissenschaftlich ausgewiesene Persönlichkeiten (darunter zahlreiche Anthropologen) für den Beirat zu gewinnen. Am 1. Januar 1942 erging der Gründungsaufruf (vgl. Anlage 4) einer Ernst-Haeckel-Gesellschaft.

---

36 ThHStAW, Akte Reichsstatthalter 447, Brief von Franz an Sauckel vom 23. Juli 1941, Hervorhebungen im Orig.; als Beilage des Briefes fand sich der Artikel „Ernst Haeckel und wir".
37 Archiv des EHH, Nachlass Franz, Best. Z, Brief vom Rosenberg an Sauckel vom 17. September 1941.

Schirmherr:
Reichsstatthalter in Thüringen und Gauleiter Fritz Sauckel

Ernst Haeckel

Sein Leben, Denken und Wirken

Eine Schriftenfolge
für seine zahlreichen Freunde und Anhänger

———— **Band 1** ————

Herausgegeben
von

Professor Dr. Victor Franz

Leiter des Ernst-Haeckel-Hauses der Friedrich-Schiller-Universität
Vorsitzender der Ernst-Haeckel-Gesellschaft
Jena

JENA und LEIPZIG
VERLAG VON WILHELM GRONAU
W. AGRICOLA
1943

Titelblatt

SS-Mannschaftshaus Trutzburg

Frühzeitig gab es auch Bestrebungen, an der Universität Jena ein „SS-Kameradschaftshaus" oder „SS-Mannschaftshaus" zu etablieren. In einem Schreiben Astels an SS-Gruppenführer [General] Karl Wolff aus dem Jahre 1938 wurde Astel noch einmal in dieser Angelegenheit vorstellig, da seiner Meinung nach „im Augenblick [das SS-Mannschaftshaus] in der „weltanschaulichen Kampffront" der Hochschule Jena eine seiner eigentlichen Aufgabe sehr wenig entsprechende Rolle" spielte. Auch die Lebensführung der dort stationierten SS-Studenten entspräche nicht seinen Erwartungen.[38] Zur Realisierung des Vorhabens stellte er vier Punkte als „unerlässliche Voraussetzungen" auf: „1. Es müsste unverzüglich in den Reihen der SS und der Studentenschaft für die qualifizierte Besetzung des Hauses eine planmäßige und intensive Werbung durch den Reichsführer SS einsetzen. 2. Die Auswahl der Bewerber – sowohl der Mannschaft als des Führers des Mannschaftshauses – müsste ich selbst, dem Reichsführer SS verantwortlich, durchführen können. 3. Die Schulung und Arbeit der Leute müsste, unter meiner und meiner Mitarbeiter Aufsicht – selbstverständlich auf der Grundlage der allgemeinen SS-Mannschaftshaus-Erziehungsordnung – nach meinen Direktiven erfolgen. 4. Das Haus müsste in seiner wirtschaftlichen Existenz so gesichert sein, daß es weder zahlenmässig auf die Aufnahme ungeeigneter Leute noch finanziell auf die Zuwendungen von örtlichen Stellen – mit Ausnahme des Reichsstatthalters Gauleiter Sauckel selber – angewiesen wäre. Mit anderen Worten: die finanzielle Unterstützung des Hauses müsste so beschaffen sein, daß neben einer gediegenen Verpflegung und Wohnung der wissenschaftlichen Aufgabe des Hauses entsprechend auch Lehrmittel und

---

38 BA Berlin, NS 19/1838, Brief von Astel an Wolff von 1938 (Tag und Monat nicht lesbar).

Arbeitsgerät beschafft werden könnte."[39] Über die Umsetzung dieses Rahmenplans sind keine Archivalien überliefert. Deutlich wird hier Astels Taktik, um Geld einzutreiben. Er bestimmt das Ziel, sucht sich potente Förderer aus der Politik, um seinem Vorhaben die entsprechende Durchschlagskraft zu verleihen und überwacht schließlich die Ausgabe der Mittel, die seinen eigenen Ruhm fördern sollen.

Nach der exemplarischen Darstellung dieser „Rasse"-Institutionen verwundert nicht, dass nach dem Ende des Zweiten Weltkrieges folgendes Schreiben erging: „Auf das Schreiben vom 14.7.46 wird mitgeteilt, dass folgende Institute und Seminare der Universität Jena aufgelöst worden sind: 1) Institut für allgemeine Biologie und Anthropogenie, Kahlaerstr. 1; 2) Institut für Rasse und Recht, Kahlaerstr. 1; 3) Seminar für Volkstheorie und Grenzlandkunde; 4) Seminar für Seegeschichte und Seegeltung; 5) Nordisches Seminar [...] 6) Institut für menschliche Erbforschung und Rassenpolitik, Kahlaerstr. 1."[40]

Medizinisch-Naturwissenschaftliche Gesellschaft zu Jena

Diese Gesellschaft, die am 17. Januar 1853 in Jena gegründet wurde, war aus der Tradition der in den Jahren 1793 bis 1801 bestehenden und auf den Biologen und Mediziner August Batsch zurückgehenden „Naturforschenden Gesellschaft" hervorgegangen.[41] Sie hatte das Ziel, Kenntnisse in der Medizin und den Naturwissenschaften zu verbreiten und Forschungen auf diesen Gebieten zu fördern. Zur Erreichung des Zieles veranstaltete die Gesellschaft regelmäßige Vortragssitzungen und gab die *Jenaische Zeitschrift für Naturwissenschaft* bzw. nach Bedarf auch Denkschriften und Sitzungsberichte heraus. Mitglied konnte jeder „unbescholtene

---

39 Ebd., Unterstreichung im Orig.
40 UAJ, C 784, Brief von Dr. Bense an das Universitätsrentenamt vom 16.7.1946.
41 UAJ, Best. U, Abt. 10, Nr. 14.

Der Rektor und der Studentenführer der Universität

laden ein zur

Semesterschluß Veranstaltung

der Studentenschaft

am Donnerstag, dem 16. Juli 1942, 12 Uhr c. t. im Auditorium maximum *Aula*

Es sprechen:

Der Rektor Staatsrat Prof. **Dr. Astel**

Prof. **Dr. von Leers**

Der Studentenführer Refr. **Supper**

Die Vorlesungen fallen von 12 bis 14 Uhr aus

Universitäts-Buchdruckerei
Gustav Neuenhahn / Jena

Universitätsarchiv Jena, Bestand BA, Nr. 2120, Bl. 76.

UAJ, Best. BA, Nr. 2120, Bl. 76

deutsche Staatsbürger oder erwünschte Ausländer werden, der an den Fortschritten der Wissenschaft Anteil" nahm.[42] Mit der Mitgliedschaft in dieser altehrwürdigen Vereinigung verbanden so zahlreiche Wissenschaftler wie beispielsweise der sowjetische Genetiker Nikolaj V. Timoféeff-Ressovsky besondere „Freude und Ehre".[43] Dieses exemplarische Schreiben spricht auch für eine internationale Kontinuität dieser Jenaer Gesellschaft im Nationalsozialismus. Wie wäre es sonst möglich gewesen, dass inmitten des Zweiten Weltkrieges ein sowjetischer Staatsbürger an der unter dem Kriegsrektorat Astels stehenden und von ihm geführten „SS-Universität" mehrmals Vorträge in der Aula der Alma mater Jenensis halten konnte? So hatte Timoféeff am 23. April 1942 zum Thema „Genetik und Evolutionsforschung" und am 11. Mai 1944 „Über Indeterminiertheit und Verstärkererscheinungen bei biologischen Vorgängen, besonders in der Phylogenese" referiert. Interessant ist in diesem Zusammenhang ein Brief des Zoologen V. Franz, der sich am 29. Juli 1940 massiv gegen eine Einladung von Timoféeff aussprach und eine „Internationalität der Wissenschaft" anders sah: „Er [Timoféeff] kam vor wenigen Jahren als politischer Flüchtling aus Russland nach Berlin und ist als solcher uns durchaus genehm. [...] könnte ich es nicht für sehr geeignet halten, daß wir Deutschen diesem Gast unseres Landes weitere Stärkung gegenüber den eigentlichen deutschen Volksgenossen geben. Heil Hitler!"[44] Wie die späteren Vortragseinladungen beweisen, schlug diese Denunziation von Franz fehl, denn selbst Astel befürwortete überraschend die Einladung „kompetenter" ausländischer Referenten in einem Rundschreiben vom 20. Januar 1941.[45] Vermutlich war es aber wiederum Heberer, der

---

42 Aus der „Satzung der Medizinisch-Naturwissenschaftlichen Gesellschaft zu Jena", S. 1 (Archiv des EHH, Nachlass Franz, Best. Z).
43 UAJ, Best. U, Abt. 10, Nr. 14; Timoféeff war seit dem 13. Mai 1943 auswärtiges Mitglied der Gesellschaft.
44 Ebd., Nr. 48.
45 Ebd., Nr. 34.

versuchte, zahlreiche Wissenschaftler aus seinem Freundes- und Kollegenkreis, die beispielsweise über evolutionsbiologische und rassenkundliche Fragestellungen arbeiteten bzw. schon in seinem Sammelwerk *Die Evolution der Organismen* (1943) als Autoren mitgewirkt hatten – wie Wilhelm Ludwig, Robert Mertens, Hans Bauer, Konrad Lorenz, Adolf Remane, Bernhard Rensch, Nikolaj V. Timoféeff-Ressovsky, u.a. –, für Jena als Referenten zu gewinnen.

Anlässlich der 150. Wiederkehr von Schillers Antrittsvorlesung (26. Mai 1789)[46] an der Universität Jena veranstaltete die Medizinisch-Naturwissenschaftliche Fakultät, am 26. Mai 1939 eine Festsitzung.[47] Nach dem wissenschaftlichen Vortrag des Vorsitzenden der Gesellschaft, E. von Skramlik, wurden ernannt[48]:

Zu Förderern: Reichsstatthalter Gauleiter F. Sauckel, „wegen seiner hervorragenden Verdienste auf staatspolitischen Gebiet"; Staatsrat Astel, „wegen seiner hervorragenden Verdienste auf rassenpolitischen Gebiet"; Staatsrat Walter Schieber, „wegen seiner hervorragenden Verdienste auf wirtschaftlichen Gebiet".

Zu Ehrenmitgliedern: A. Esau (wegen Verdiensten auf physikalischen Gebiet, insbesondere der Kurzwellen-Erforschung), E. Korschelt (wegen Verdiensten auf dem Gebiet der experimentellen Zoologie), T. Mollison (wegen Verdiensten auf dem Gebiet der Anthropologie), J. A. Mjöen (wegen Verdiensten auf dem Gebiet der Vererbungsforschung, insbesondere bei der Erforschung der musikalischen Vererbung), P. Mühlens (Spirochäten- und Amöbenforschung), A. Ploetz (wegen Verdiensten auf dem Gebiet der Rassenhygiene), A. Windhaus (Chemie, Erforschung des Vitamins D).

---

46 Vgl. dazu den Beitrag in der Thüringer Gauzeitung mit dem Titel „Wort und Tat gingen in die Unsterblichkeit" vom 20. Mai 1939 sowie den Schriftverkehr anlässlich der Schiller-Feier am 15. Juni 1939, in der Aula (UAJ, Best. BA, Nr. 2119).
47 Notiz „Biologische Veranstaltungen", in: Der Biologe 8 (1939), S. 347–348.
48 Ebd., S. 348.

In der Aula der Friedrich-Schiller-Universität

spricht am Donnerstag, dem 23. Januar 1941, 18 Uhr c. t.
im Rahmen der Medizinisch-Naturwissenschaftlichen-Gesellschaft
der Altmeister der deutschen Rassenforschung

Professor Dr. Theodor Mollison

Direktor des Anthropologischen Instituts der
Universität München

über

„Urkunden der Abstammung in unserem Blute"

Die moderne Abstammungslehre des Menschen ist in Jena durch Ernst Haeckel für die Wissenschaft der ganzen Welt begründet worden. Die Abstammungslehre zeigt, weshalb die Vererbungsgesetze für Pflanze, Tier und Mensch in gleicher Weise gültig sind. Professor Mollison hat durch seine bahnbrechenden vergleichenden Serumsforschungen die Verhältnisse der menschlichen Stammesgeschichte bedeutsam geklärt. Ich empfehle daher den Besuch dieses Vortrages allen Mitgliedern des Lehrkörpers und Studenten ganz besonders.

Der Rektor
Dr. Astel, Staatsrat.

UAJ, Best. BA, Nr. 2119, Bl. 238

Mittwoch, 23. April

um 18 c. t.

spricht im Rahmen der Medizinisch-Naturwissenschaftlichen Gesellschaft und der Medizinischen Gesellschaft

im Hörsaal des Physiologischen Instituts

Teichgraben 8

Dr. Niilo Pesonen

kommissarischer Direktor des Anatomischen Instituts der Universität Helsinki

über

Neue Ergebnisse der Rassenforschung in Finnland

(mit Lichtbildern)

Der Vortragende wird über neue Rassenmessungen in Finnland berichten, die in ihren Folgerungen geeignet sind, die Ansichten über die rassische Zusammensetzung der Finnen wesentlich zu ändern und zu beeinflussen.

Ich lade alle Mitglieder des Lehrkörpers, Assistenten und Studenten zum Besuch dieses Vortrages ein.

Der Rektor
Dr. Astel, Staatsrat.

Universitätsarchiv Jena, Bestand BA, Nr. 2119, Bl. 287.

UAJ, Best. BA, Nr. 2119, Bl. 287

Ferner erhielten
Die goldene Gedenkmünze:
W. Heisenberg (Quantenmechanik und Atomtheorie), O. Renner (Pflanzengenetik, Oenotherenforschung) und E. Rüdin (Rassenhygiene).

Die silberne Gedenkmünze:
H. Berger (Psychiatrie, Erforschung der Gehirntätigkeit), W. Kikuth (Malariaforschung), F. Lenz (menschliche Vererbungslehre), E. Späth (Alkaloidforschung) und K. Wagner (Physikalische Chemie der Halbleiter).

Die bronzene Gedenkmünze:
G. Heberer (Chromosomenforschung), L. Heilmeyer (Erforschung der Harnfarbstoffe). H. P. Kaufmann (Erforschung und Verwertung von Fetten), R. Spanner (vergleichende Anatomie) und S. Strugger (Zellphysiologie).

Der Berichterstatter im „Biologen" Stengel von Rutkowski resümierte: „Die Feier hatte ihre besondere, über Thüringen hinausgehende Bedeutung in der klaren Herausstellung der nationalsozialistischen Politik, der Rassenerkenntnis und des Vierjahresplanes als Förderer der Wissenschaft und der Wissenschaften von Erbwelt und Umwelt des Menschen, d.h. der Biologie und Naturwissenschaft als maßgebender Grundlage der künftigen deutschen Universität."[49]

In der Liste der Geehrten überwiegen die Fachvertreter aus Rassenkunde und Rassenhygiene, vor denen der Vererbungsforschung und denen „kriegswichtiger" Fächer wie Physik und Chemie.

Die Dokumente zeigen, dass große Teile des wissenschaftlichen Personals an der Universität Jena keineswegs dem Nationalsozialismus mit einer gewissen Distanz begegneten. Im Gegenteil, sie waren aus Überzeugung Nationalsozialisten.

---

49 Ebd.

Universitätsarchiv Jena,
Bestand BA, Nr. 2119, Bl. 16.

Am Donnerstag, den 20. April 1939

findet 9³⁰ Uhr in der Aula der Universität eine

UNIVERSITÄTSFEIER

anläßlich des 50. Geburtstag des Führers
statt.
Es spricht:
Der Rektor der Friedrich-Schiller-Universität

Staatsrat Prof. Dr. Esau

Teilnahme aller Studierenden ist Pflicht!

gez. Wehner, Studentenführer   gez. Esau, Rektor

UAJ, Best. 2119, Bl. 16

Buchenwaldarchiv, 02-4-44

Datenkrake: „Rasseamt"-Karteikästen. Die Katalogisierung der Thüringer.

Personen: Die „Rassen-Quadriga" und mehr

Die institutionelle Vielfalt in Thüringen brachte nun auch eine entsprechende Anzahl von Entscheidungsträgern hervor, die an einer aktiven Umsetzung der rassenkundlichen Programme etc. im Gau beteiligt waren. Diese Entscheidungsträger für „Rasse-Angelegenheiten" kamen in der Regel aus dem Umfeld der Jenaer Universität sowie des Thüringischen Landesamtes für Rassewesen in Weimar. Nachfolgende Übersicht zeigt, dass die zentralen Hauptprotagonisten einer „Deutschen Biologie" in Jena/Weimar zum Großteil Mitglieder der NSDAP und entsprechender militärischer Organisationen waren. Dabei ist nicht zu übersehen, dass in diesem Gesamtkontext eine auch von Ringvorlesungen flankierte Art fachübergreifender wissenschaftlicher „Querfront" rassekundlich konzipierter Lehrstühle, Lehraufträge, Seminare und Institute solcher Professoren entstand, die sich über den karrierefördernden NSDAP-Beitritt hinaus vor allem an die intellektuell und politisch agilere SS anlehnten (Hoßfeld et al. 2003).

Astel und sein Umkreis haben den reichsweiten „Rasse-Trend" frühzeitig erkannt und in Thüringen energisch durchzusetzen versucht. Dabei griffen sie auf die sich seit 1930 bewährte Berufungspraktik (Günther) zurück, ohne dabei Rücksicht auf universitäre Entscheidungsgremien nehmen zu müssen. Sie bedienten sich formeller wie informeller Wege, darunter auch im professoralen Milieu üblicher privater Zirkel wie die Runde um Stengel von Rutkowski oder die Tee-Empfänge, die Astel als Rektor gab. Dazu passten aber auch zentral „verordnete" Feierstunden wie etwa „aus Anlass des

Person	Fachgebiet	NSDAP	SS	SA	NSDDB	NSLB
Astel, Karl	Medizin, Rassenhygiene	1930	X	-	X	-
Brücher, Heinz	Botanik, Genetik	1934	1944	X	1938	-
Böker, Hans	Anatomie, Morphologie	1934	1934	[X]	-	-
Franz, Victor	Zoologie	1930	-	1933-37	1936	1930
Günther, Hans F. K.	Sozialanthropologie	1932	-	-	X	X
Heberer, Gerhard	Zoologie, Anthropologie	1937	1937	1933-35	X	X
Plate, Ludwig	Zoologie, Genetik	-	-	-	-	-
Renner, Otto	Botanik, Genetik	-	(X) 1934-41	-	-	-
Stengel von Rutkowski, Lothar	Medizin, Philosophie, Rassenhygiene	1930	1930	-	X	-
Struck, Bernhard	Anthropologie, Völkerkunde	[X]	-	-	-	1933-35
Weber, Erna	biologische Statistik	1942	-	-	-	-
Zündorf, Werner	Botanik, Genetik	1937	–	1934-38	–	1937

Tabelle: Nachweisbare Mitgliedschaften in NS-Organisationen mit Eintritts- bzw. Mitgliedsjahren. X bedeutet Mitgliedschaft ohne bekanntes Eintrittsdatum, [X] anhand der Archivalien vermutete Mitgliedschaft; (X) förderndes Mitglied der SS; NSDDB (Nationalsozialistischer Deutscher Dozentenbund); NSLB (Nationalsozialistischer Lehrerbund).

50. Geburtstages unseres Führers" am 20. April 1939 in der Aula; der Gemeinschaftsempfang von „Führerreden" (wie z.B. am 28. April 1939) oder die Teilnahme an politischen Reden (Sauckel vor dem Lehrkörper, der Studentenschaft etc. im Volkshaus am 24. November 1939) u.a.[50]

Zudem gab es an der Salana während des Dritten Reiches gleich vier Professoren – „Rassen-Quadriga" – die für unterschiedliche Zeit mehr oder weniger Lehrstühle mit derselben inhaltlichen Thematik vertraten: Günther (Sozialanthropologie 1930–1935) – Astel (Menschliche Züchtungslehre und Vererbungsforschung 1934/35–1935, Menschliche Erbforschung und Rassenpolitik 1935–1945) – Franz (Zoologie/Phylogenie, Vererbungslehre und Geschichte der Zoologie 1936-1945) und Heberer (Allgemeine Biologie und Anthropogenie 1938–1945).

Der Rektor der Friedrich-Schiller-Universität Staatsrat Prof. Dr. Astel und Frau

geben sich die Ehre

Herrn Professor Heberer und Frau Gemahlin

zu einem

Tee-Empfang

(unter Mitwirkung von Professor Rud. Volkmann und Mitgliedern des Deutschen Nationaltheaters Weimar)

am Sonnabend, dem 28. Juni 1941, im Studentenhaus, 16½ Uhr, einzuladen.

100 g Kuchenmarken sind mitzubringen.   *Antwort erbeten bis Dienstag, 24. Juni, an das Universitätsamt.*

Anzug: dunkler Anzug.

Nachlass Heberer, privat

---

50 UAJ, Best. BA, Nr. 2119.

Eine ganze Reihe weiterer Wissenschaftler folgte außerdem dem weltanschaulichen Glaubensbekenntnis der Rassen-Quadriga.

Neben den bereits erwähnten Personen sind noch ergänzend hinzuzufügen:

Richard Lange (1938), Mitherausgeber der Strafrechtskommentare des sogenannten „Heimtückegesetzes und der Nürnberger Rassengesetze";

Walter Weddingen (1934), der zu den Verfechtern einer „Völkischen Volkswirtschaftslehre" zählte;

Berthold Kihn, Nachfolger des angesehenen Psychiaters, Neurologen und Entdeckers des EEGs Hans Berger;

der Pathologe Werner Gerlach, der zum persönlichen Stab des Reichsführers SS Heinrich Himmler gehörte;

der Gerichtsmediziner Gerhard Buhtz;

der Pflanzenbauer Konrad Meyer, der sich für eine nationalsozialistische Landwirtschaft engagierte und während des Krieges ebenso dem Stab von Himmler angehörte;

die Historiker Bernhard Kummer, Leiter des 1942 neu errichteten „Nordischen Seminars", Günther Franz, auch als „Bauern-Franz" bezeichnet, der „Blut- und Boden-Ideologe"; Johann von Leers - Leiter des 1942 neu errichteten „Seminars für Seegeschichte und Seegeltung";

der evangelische Theologe Walter Grundmann, Herausgeber des Journals „Christenkreuz und Hakenkreuz" sowie Leiter des Instituts zur „Entjudung" von Kirche und Theologie (1939–1945) in Eisenach,

der Jurist Falk Ruttke, Professor für „Rasse und Recht" (1940),

der Soziologe Max Hildebert Boehm und sein Seminar für Volkstheorie und Grenzlandkunde sowie

der „völkische Architekt" Paul Schultze-Naumburg.

Die Aufgabe

Rede

zur Eröffnung des Winter-Semesters 1936/37
an der Thüringischen Landesuniversität Jena
in Gegenwart des Reichsstatthalters und Gauleiters
Fritz Sauckel
gehalten am 6. November 1936

von

SS.-Hauptsturmführer Präsident Prof. Dr.
Karl Astel
Thüringisches Landesamt für Rassewesen, Weimar
Leiter des Staatl. Gesundheits- und Wohlfahrtswesens
im Thüringischen Ministerium des Innern

anläßlich der Einführung der neu nach Jena
berufenen Dozenten Dr. B. Kummer
und Dr. Joh. v. Leers

Jena
Verlag von Gustav Fischer
1937

Jenaer akademische Reden. Heft 24

Stolz präsentierte Karl Astel auch bei akademischen Veröffentlichungen seinen SS-Rang.

Nachfolgend sollen die wichtigsten „Rasse"-Protagonisten in Kurzbiografien[51] vorgestellt werden, um die während des Nationalsozialismus in Thüringen verfolgte Personalpolitik besser zu illustrieren.

Die Akteure

Hans Friedrich Karl Günther wurde am 16. Februar 1891 in Freiburg i.Br. geboren. Nach dem Besuch der Volksschule und Oberrealschule in Freiburg erwarb er im Sommer 1910 das Reifezeugnis. Von 1910 bis 1918/19 folgte ein Studium der neueren Sprachen in Freiburg und Paris. Vor Ausbruch des Ersten Weltkrieges wurde er in Freiburg mit einer Arbeit *Über die Quellenherkunft des Volksbuches von Fortunatus und seinen Söhnen* (1914) zum Dr. phil. promoviert. Als der Weltkrieg begann, meldete sich Günther freiwillig, wurde aber infolge einer Erkrankung kurze Zeit später entlassen; bis Januar 1919 arbeitete er dann im Dienst des Roten Kreuzes.

Nach dem Krieg ging Günther nach Dresden und bereitete sich hier auf eine Kriegsteilnehmerprüfung für das höhere Lehramt vor, die er noch im selben Jahr bestand. Im Sommer 1920 wandte sich der Münchener Verleger Julius F. Lehmann mit einer Bitte an ihn, doch eine rassenkundliche Arbeit über die deutsche Bevölkerung zu verfassen. Im Januar 1922 erschien die *Rassenkunde des deutschen Volkes* in 1. Auflage. Trotz guter Bezahlung durch den Verlag reichte das Geld für den Familienunterhalt nicht aus, sodass Günther im Herbst 1922 nach Breslau ging, im Frühjahr 1923

---

51 An dieser Stelle sei hinsichtlich der Datenerhebung u.a. auf die jeweiligen Personalakten im Universitätsarchiv Jena, dem Thüringischen Hauptstaatsarchiv Weimar und im Bundesarchiv Berlin (BDC; BA) verwiesen, ebenso auf Publikationen wie bspw. Hoßfeld & Thornström 2002; Hoßfeld et al. 2003, 2005; Hoßfeld & Simunek 2008; Hoßfeld & Junker 2003; Hoßfeld 1999a, 2002a, 2002b, 2004, 2007; Junker & Hoßfeld 2002; Levit & Hoßfeld 2006; Hendel et al. 2007; Preuß et al. 2006; Stutz & Hoßfeld 2004.

sogar nach Norwegen übersiedelte. Im Herbst 1923 arbeitete er dann für einige Zeit im Danziger Museum für Vorgeschichte und bearbeitete eine Schädelsammlung. Anfang 1924 hielt Günther eine Reihe von Gastvorlesungen an der Universität Uppsala, die im Rahmen der Vorlesungen des Schwedischen Staatsinstitutes für Rassenhygiene organisiert wurden. Im Herbst 1926 übersiedelte Günther nach Lidingö, einer Insel vor Stockholm. Wegen finanzieller Probleme musste die Familie ab Sommer 1928 wieder zwischen Skandinavien und Deutschland pendeln, da die Buchhonorare weiterhin nicht für den Lebensunterhalt ausreichten. Trotz dieser Missstände arbeitete Günther kontinuierlich weiter. In dieser wirtschaftlich angespannten Situation erreichte ihn der Ruf auf eine Professur nach Jena. Der nicht habilitierte Publizist wurde am 14. Mai 1930 vom Volksbildungsminister Thüringens Frick zum ordentlichen Professor für Sozialanthropologie an die Universität berufen, die massiv gegen die Berufung protestiert hatte. Am 15. November hielt Günther – wie bereits angeführt – in der überfüllten Aula der Universität seine Antrittsvorlesung mit dem Titel „Über die Ursachen des Rassenwandels der Bevölkerung Deutschlands seit der Völkerwanderungszeit". Am 9. Mai 1931, um 23.45 Uhr, erfolgte ein Attentat auf Günther im Dietrichsweg 23 in Jena. Günther war seit dem 1. Mai 1932 Mitglied der NSDAP (Nr. 1185391) und in der Ortsgruppe Freiburg (Gau Baden) organisiert. Später trat er noch dem NSD-Dozentenbund, der NSV (Volkswohl-

privat

Hans F. K. Günther

fahrt), dem NSLB sowie dem Reichsluftschutzbund bei. Im Jahre 1935 erhielt Günther als erster Wissenschaftler auf dem „Parteitag der Freiheit" der NSDAP in Nürnberg den von Hitler gestifteten „Staatspreis der Bewegung für wissenschaftliche Leistungen" verliehen. Im gleichen Jahr folgte Günther zum Wintersemester 1935/36 einem Ruf nach Berlin und damit seinem ehemaligen Gönner Frick. Im November 1935 hielt er hier seine Antrittsrede mit dem Titel „Die Erneuerung des Familiengedankens in Deutschland". Während der Berliner Zeit wurden ihm zwei weitere Ehrungen zuteil. So erhielt er um die Jahreswende 1936/37 die Rudolf-Virchow-Plakette der Berliner Gesellschaft für Ethnologie, Anthropologie und Urgeschichte, des weiteren erfolgte seine Berufung in den Vorstand der Deutschen Philosophischen Gesellschaft. Ferner wurde er 1941 als Mitglied in die Akademie gemeinnütziger Wissenschaften zu Erfurt gewählt. Am 1. Oktober 1939 nahm Günther einen Ruf an seine ehemalige Heimatuniversität Freiburg an, wo er bis 1944 lehrte. Nach dem Ende des Zweiten Weltkriegs wurde er von der französischen Besatzungsmacht verhaftet und drei Jahre interniert. Nach der Entlassung aus der Lagerhaft und erfolgter „Entnazifizierung" wurde Günther aus dem Universitätsdienst entlassen, durfte aber als Publizist weiter arbeiten. In den letzten zwei Lebensjahrzehnten legte er noch verschiedene seiner Bücher neu auf und beschäftigte sich mit religiösen Fragestellungen. Günther verstarb am 25. September 1968 in Freiburg.

Friedrich Wilhelm Karl Astel wurde am 26. Februar 1898 in Schweinfurt am Main geboren. Nach dem Besuch der Volksschule und des Gymnasiums folgte von 1917 bis 1918 ein Kriegseinsatz an der Front. Nach dem Ersten Weltkrieg begann Astel dann ein Medizinstudium in Würzburg, in dessen Verlauf er sich am 9. April 1919 an der „Befreiung" Würzburgs von der „Bolschewistenherrschaft" beteiligte. Ende April engagierte er sich ebenso an der „Befreiung" Münchens als Angehöriger des Freikorps Epp. Im Anschluss an diese politischen Betätigungen setzte Astel sein Studium der Medizin fort. Im Winter 1919/20 war er Gründungsmitglied des Deutsch-Völkischen Schutz- und Trutzbundes (Ortsgruppe Schweinfurt), in welchen er den späteren Reichsstatthalter und Gauleiter von Thüringen Fritz Sauckel aufnahm. Am 1. Juli 1930 trat Astel in die NSDAP ein (Mitgliedsnummer: 264619). Nach dem medizinischen Staatsexamen und der Doktorprüfung arbeitete er dann zunächst im Luitpold-Krankenhaus zu Würzburg und später in der Orthopädischen Universitätsklinik in München.

Karl Astel

PA Astel, ThHStAW

Sport hatte in Astels Leben eine zentrale Bedeutung: so erwarb er das Reichssportabzeichen in Gold, arbeitete u.a. als Skilehrer und machte den Segelflugschein (Harten et al. 2006: 305). Aufgrund seiner Doppelausbildung (Arzt und Sportlehrer) berief man ihn als Leiter der sportärztlichen Untersuchungs- und Beratungsstelle der Universität und TH München. Im Jahre 1932 gründete er mit Hilfe von Fritz Lenz eine Vererbungsberatungsstelle, in der er bereits Sterilisierungen durchführen ließ (Jensen 1995: 163). Am 15. Juli 1933 wurde er Präsident des Thüringer Landesamtes für Rassewesen in Weimar. Infolge seiner „tierzüchterischen Neigungen und Erfahrungen" hatte sich Astel bereits als Student in München mit Problemen der menschlichen Erblichkeitslehre und Rassenhygiene befasst. Für das Rasse- und Siedlungshauptamt Reichsführer SS begutachtete er seit Herbst 1932 als rassehygienischer Fachbearbeiter die Verlobungs- und Heiratsgesuche der SS-

Angehörigen. Anfang 1934 war Astel der SS beigetreten (Nr. 132.245). Im Juni 1934 berief Sauckel dann auf Vorschlag der Thüringischen Landesregierung Astel unter Beibehaltung seiner Tätigkeit als Präsident des Thüringer Landesamtes für Rassewesen zum ordentlichen Professor der menschlichen Züchtungslehre und Vererbungsforschung sowie als Direktor des gleichnamigen neugegründeten Institutes an die Universität Jena. Im Laufe der Jahre gelang es Astel als echtem „Netzwerker", in Thüringen unzählige politische Ämter zu bekleiden. So wurde er SS-Hauptsturmbannführer (1937) und Gaudozentenbundführer (1935/36) ebenso Abteilungsleiter im Thüringischen Innenministerium, wurde er am 20. April 1939 Staatsrat und per Schreiben vom 14. Juni 1939 vom Reichserziehungsminister außerdem noch zum Rektor der Friedrich-Schiller-Universität ernannt; seit 1938 war er Träger des Goldenen Parteiabzeichens. Bereits in der Senatssitzung am 7. Juni 1939 hatte Astel die Richtlinien für die Führung der Hochschule bekannt gegeben. Eine seiner ersten Amtshandlungen war, eine neue Hierarchie der Fakultäten nach der Zahl der Dozenten und Studenten festzulegen: „1. Medizinische Fakultät, 2. Mathematisch-Naturwissenschaftl. Fakultät, 3. Rechts- und Wirtschaftswissenschaftliche Fakultät, 4. Philosophische Fakultät, 5. Theologische Fakultät".[52] Diese Reihenfolge sollte nicht nur bei akademischen Feiern zur Anwendung gelangen, sondern auch im Vorlesungs- und Personalverzeichnis Platz ergreifen. Am 4. April 1945 schied Astel durch Freitod aus dem Leben.

Victor Franz wurde am 5. April 1883 in Königsberg geboren. Er legte 1902 das Abitur in Breslau ab und studierte dort von 1902 bis 1905 Naturwissenschaften, insbesondere Zoologie. Am 2. November 1905 wurde er mit einer Dissertation über die Augen der Selachier [Quermäuler; Knorpelfische] promoviert. Von 1906 bis 1910 an der Biologischen Anstalt in

---

52 UAJ, Best. BA, Nr. 2029, Bl. 79.

Helgoland tätig, wechselte er anschließend nach Frankfurt am Main (1910–1913) ans Neurologische Institut von Ludwig Edinger. Nach dem Kriegsdienst (1914–1918) und einer Tätigkeit am Bibliographischen Institut in Leipzig, nahm Franz am 1. Mai 1919 den Ruf als Ritter-Professor für Phylogenie nach Jena an. Am 1. April 1924 wurde er planmäßiger außerordentlicher Professor, am 30. April 1936 erfolgte die Ernennung zum ordentlichen Professor für phylogenetische Zoologie, Vererbungslehre und Geschichte der Zoologie.

EHH

Victor Franz

Franz war außerdem von 1935 bis 1945 Direktor des Ernst-Haeckel-Hauses. Aufgrund seines großen Engagements in der NS-Zeit wurde er am 13. September 1945 aus dem öffentlichen Dienst entlassen. Franz starb am 16. Februar 1950 in Jena. Zur politischen und militärischen Karriere von Franz konnten folgende Daten ermittelt werden: 4. August 1914 bis 23. Dezember 1918 Kriegsdienst an der Westfront; Verleihung EK II. Klasse (21.2.1916); 1917 Beförderung zum Leutnant; Ritterkreuz II. Kl. des Albrechtsordens mit Schwertern (27.10.1918); Mitglied der NSDAP seit 1. März 1930 (Nr. 214131) und des NSLB seit 1. Januar 1930 (Nr. 16336); 1. November 1933 Eintritt in die SA, Scharführer der SA von Herbst 1933 bis 1935; Ehrenkreuz für Frontkämpfer (07.12.1934); ab 1936 Mitglied im NSV und NSD; ab 1936 Zellenleiter der NSDAP; ab 1. Juli 1938 Kreisschulungsanwärter der NSDAP und ab 25. Oktober 1938 Ortsgruppenleiter in Jena.

Gerhard Richard Heberer wurde am 20. März 1901 in Halle an der Saale geboren. Vom Sommersemester 1920 bis zum Wintersemester 1924 studierte er hauptsächlich Zoologie, Geologie, Philosophie und Deutsche Vorgeschichte. Seine akademischen Lehrer, der Genetiker und Zoologe Valentin Haecker und der Rassenanthropologe und Vorgeschichtler Hans Hahne prägten den jungen Studenten in seiner Persönlichkeit derart stark, dass sich dieser Hallenser Einfluss auf die wissenschaftlichen Forschungen (Indogermanenfrage, Ruderfußkrebse), die Methodologie und Ideologie Heberers ein Leben lang auswirken sollte.

Am 20. Dezember wurde Heberer die Würde eines Doktors der Naturwissenschaften verliehen. 1927 schloss er sich einer für die Geschichte der deutschen Evolutionsbiologie wichtigen Expedition zu den Kleinen Sunda-Inseln in Indonesien, geleitet vom Zoologen Bernhard Rensch, als Anthropologe an. Nachdem Heberer im März 1928 aus dem Archipel zurückgekehrt war, arbeitete er von Mai 1928 bis Oktober 1938 als Assistent am Zoologischen Institut der Universität Tübingen. Dort habilitierte er sich 1932 für Zoologie und Vergleichende Anatomie.

Am 1. November 1938 berief man Heberer an die Universität Jena und verlieh ihm mit Wirkung vom 5. Januar 1939 die Dienstbezeichnung nichtbeamteter außerordentlicher Professor. Im Oktober 1939 wurde ihm außerdem die freie Planstelle eines außerordentlichen Professors übertragen, mit der Verpflichtung, die allgemeine Biologie und menschliche Abstammungslehre in Vorlesungen und Übungen zu vertreten. Gleichzeitig ernannte man ihn zum Vorsteher der Anstalt für „Allgemeine Biologie und Anthropogenie". Durch seine bereits in Halle geprägte Weltanschauung und seine wissenschaftlichen Forschungen zur Indogermanenfrage wurde er an der Alma mater Jenensis zum Vorkämpfer für eine „Deutsche Biologie". Nach der Entlassung aus der Kriegsgefangenschaft kam Heberer nach Göttingen, wo er ab dem Wintersemester 1947/48 damit begann, eine Anthropologische

Forschungsstelle im Rahmen des Ersten Zoologischen Institutes aufzubauen. Seine Lehrtätigkeit an der Georg-August-Universität Göttingen erstreckte sich über einen Zeitraum von 44 Semestern. Im Jahre 1961 unternahm Heberer zwei Afrika-Reisen. Außerdem arbeitete Heberer an vielen prähistorischen Museen der Welt. Heberer verstarb am 13. April 1973 in Göttingen.

Nachlass Heberer, privat

Gerhard Heberer

Heberer war von 1933 bis 1935 SA-Mitglied; wurde am 12. April 1937 zum SS-Untersturmführer (Nr. 279992) ernannt; trat am 10. Juni 1937 in die NSDAP (Nr. 3972811) ein; durfte ab Februar 1938 die Bezeichnung ‚Mitarbeiter Ahnenerbe' führen; wurde am 11. September 1938 zum SS-Obersturmführer, 1942 zum SS-Hauptsturmführer (Hauptmann) befördert.

Lothar Stengel von Rutkowski wurde am 3. September 1908 als Sohn eines Pastors in Hofzumberge (Lettland) geboren. Nach dem Erwerb der Hochschulreife am Gymnasium Philippinum in Marburg zu Ostern 1928 studierte Stengel von Rutkowski (StvR) von 1928 bis 1933 an den Universitäten München, Marburg und Wien die Fächer Medizin und Rassenhygiene. Im Jahr 1927 war er u.a. bei den „Adlern und Falken" Mitglied, zuletzt in der Stellung eines Gauleiters von Hessen. Daneben betätigte sich StvR bereits als Gauredner, hielt Postendienst im Braunen Haus und war an Saalschlachten in München und Wien beteiligt (Harten et al. 2006: 311). Nach bestandener Medizinischer Staatsprüfung (30.01.1934) in Marburg und erfolgter Approbation (01.06.1935) war er vom Februar bis Mai 1934 beim Rasse- und Siedlungshauptamt der SS und Stabsamt des Reichsbauernführers in Berlin angestellt, wechselte aber bereits im Juni des gleichen Jahres nach Weimar an das 1933 neu gegründete Thüringer Landesamt für Rassewesen. Von dessen Leiter Karl Astel wurde Stengel am 1. November 1934 als Leiter der Abteilung Lehre und Forschung, einer Außenstelle des Landesamtes an der Universität Jena, eingesetzt. In Jena promovierte (14.11.1938) und habilitierte (15.02.1940) sich StvR, seit 1. Oktober 1937 war er Regierungs- und Medizinalrat. Am 31. Juli 1940 wurde er zum Dozenten für Rassenhygiene, Kulturbiologie und rassenhygienische Philosophie ernannt; einer für das Dritte Reich einmaligen Dozentur. Im Anschluss daran erfolgte ein Fronteinsatz als Truppenarzt bei einer SS-Polizeidivision. Seit dem 5. Januar 1944 war SS-Hauptsturmführer StvR dann als Leiter der ärztlichen Hauptabteilung im Heiratsamt des Rasse- und Siedlungshauptamtes (Burghof Kyffhäuser) eingesetzt. Zwischendurch gab es auch mehrfach den Versuch, für ihn eine Professur (Posen oder Prag) zu schaffen. Im Jahre 1943 erscheinen seine *Grundzüge der Erbkunde und Rassenpflege* (Langewort, Berlin) bereits in vierter Auflage, 1939 hatte er das Buch *Deutsch auch im Glauben. Eine Sammlung für Front und Heimat* im Verlag „Sigrune" (Erfurt) herausgebracht. Seit dem 1. Februar 1945 war er Führer beim Stab des SS-Abschnittes XXVII (Oberabschnitt „Fulda-Werra"; Sitz in Weimar).

StvR war seit dem 1. April 1930 NSDAP-Mitglied, seit 11. November 1930 Mitglied der SS, Träger des SS-Totenkopfringes (30.06.1934), ebenso im NSD-Dozentenbund aktiv sowie Gauhauptstellenleiter im Rassenpolitischen Amt des Gaues Thüringen der NSDAP, des weiteren Vorstandsmitglied des Thüringer-Kontors der Nordischen Gesellschaft und seit dem 8. Dezember 1939 Träger des Silbernen Gauadlers; an militärischen Orden besaß er die Ostmedaille (30.07.1937), das EK II. Klasse (02.02.1943) sowie das Verwundetenabzeichen in schwarz (20.01.1943). Er war zudem mit 29 Jahren einer der jüngsten Regierungsräte im Dritten Reich (1937). Wegen seines politischen Engagements in der „Deutschen Wissenschaft" und seiner persönlichen Nähe zum NS-Staat wurde StvR am 13. September 1945 aus dem öffentlichen Dienst entlassen. Im Juli 1949 kehrte er nach vier Jahren Gefangenschaft aus Russland nach Marburg zurück und verfasste hier sogleich ein 19 Seiten umfassendes Rechtfertigungsmanuskript mit dem Titel *Der Rassengedanke in Wissenschaft und Politik*.

BA Berlin

Lothar Stengel von Rutkowski

In Marburg war er dann in den 1960er-Jahren als Medizinalrat tätig. Im Jahr 1950 war StvR Mitbegründer der „Arbeitsgemeinschaft für freie Religionsforschung und Philosophie", einer Vorform der 1956 gegründeten Freien Akademie (FA). Er gründete diese AG gemeinsam mit dem ersten Präsidenten der FA (1956–1961) Jakob Wilhelm Hauer, 1956 ist er dann Gründungsmitglied der FA, dort über 20 Jahre in führenden Positionen engagiert, zuletzt von 1976 bis 1979 als ihr Präsident. 1982 wird er Ehrenmitglied der FA. StvR starb am 24. August 1992 in Wittmund.

Heinz Brücher, am 14. Januar 1915 in Darmstadt geboren, hatte ab dem Sommersemester 1933 an der Landesuniversität Jena begonnen, Naturwissenschaften, insbesondere Botanik, Zoologie, Vererbungslehre und Anthropologie zu studieren. In seiner zweijährigen Studienzeit in Jena wurde er SA-Mann und Angehöriger des SA-Hochschulamtes sowie

Mitglied der Deutschenakademischen Gildenschaft, später des SS-Mannschaftshauses Trutzburg. Im Jahre 1934 trat Brücher aus der evangelischen Kirche aus und in die NSDAP ein, wo er das Amt eines HJ-Führers (Nr. 3498152) übernahm. Zum Wintersemester 1935/36 wechselte er an die Eberhard-Karls-Universität Tübingen. Als Fachschaftsleiter und Fachgruppenleiter des Nationalsozialistischen Deutschen Studentenbundes engagierte er sich in der Studentenführung der Universität Tübingen. Am 13. Januar 1938 wurde Brücher in Tübingen mit einer genetisch-botanischen Arbeit über die Rassenkreuzungen von Epilobium [Weidenröschen] zum Dr. rer. nat. promoviert. Während der Anfertigung der Dissertationsschrift kam es dann zu wissenschaftlichen und persönlichen Auseinandersetzungen mit seinem Lehrer, die Brücher veranlassten, Tübingen den Rücken zu kehren und wieder nach Jena zu gehen. Am Institut für menschliche Erbforschung und Rassenpolitik (Astel) führte er von März 1938 bis November 1939 seine am Tübinger Botanischen Institut begonnenen genetischen Untersuchungen weiter. Nach Ausbruch des Zweiten Weltkrieges meldete sich Brücher als Freiwilliger zum Kriegsdienst und nahm an den Kämpfen in Belgien und Frankreich im Jahre 1940, später als Artillerieleutnant am Russlandfeldzug im Winter des Jahres 1941/42 teil. Während eines Fronturlaubes wurde er dann am 2. April 1940 in Jena für das Fach „Botanik und Pflanzliche Vererbungslehre" habilitiert. Am 13. Januar

UAJ

Heinz Brücher

1941 berief man ihn in Jena zum Dozenten. Zwischen 1941 und 1943 arbeitete er für einige Monate am Kaiser-Wilhelm-Institut für Züchtungsforschung in Müncheberg/Mark. Protegiert von einflussreichen wissenschaftspolitischen Stellen – wie z.B. dem „Ahnenerbe" der SS – wurde er zum Leiter eines botanischen Sammelkommandos nach Russland bestimmt und zum 1. November 1943 mit der Leitung des neu errichteten SS-eigenen Institutes für Pflanzengenetik in Lannach (Steiermark) beauftragt.

Sammelkommando

Im Jahre 1943 leitete Heinz Brücher das botanische Sammelkommando der SS nach Rußland. Im Verlauf dieses Unternehmens sollten landwirtschaftliche und züchtungswissenschaftliche Forschungsstationen aufgesucht, das dortige Pflanzenmaterial geraubt und anschließend nach Deutschland gebracht werden. Insgesamt wurden 18 Forschungsstationen und Einrichtungen im Spätsommer des Jahres 1943 von den Teilnehmern des Sammelkommandos in Westrussland geplündert. Das Sammelkommando steht als spätes Beispiel der „Deutschen Biologie", den „Generalplan-Ost" mit zu verwirklichen. Man erhoffte sich, mit solchen Aktionen das Deutsche Reich autark zu machen. (Hoßfeld 1999b, Hoßfeld & Thornström 2002).

Brücher war Referent für Biologie bei den „Nationalsozialistischen Monatsheften", als Mitarbeiter bei der Reichsleitung des Rassenpolitischen Amtes sowie im S.A.-Hochschulamt tätig; ferner war er als Angehöriger des SS-Mannschaftshauses Jena politisch aktiv.[53] Am 1. Februar

---

53   UAJ, Beste. N 51/1 und BA, N 2162.

1944 erfolgte Brüchers Aufnahme als Untersturmführer in die Stabsabteilung der Waffen-SS beim Persönlichen Stab Reichsführer-SS. Nach dem Zweiten Weltkrieg wanderte Brücher über Schweden nach Argentinien aus und erhielt hier mehrere Professuren für Pflanzengenetik: 1949 bis 1954 an der Universität Tucuman, Caracas (Venezuela), Ascunion (Paraguay), Port of Spain (Trinidad), ab 1954 Mendoza und Buenos Aires sowie 1964/65 in Pretoria (Südafrika). Im Jahre 1972 ernannte man ihn zum UNESCO-Berater für Biologie. Er war zudem lange Jahre als Leiter des Pflanzenzuchtprojekts der Regierungen Trinidad und der BRD angestellt. Wissenschaftliche Bekanntheit erlangte Brücher u.a. durch seine Bücher *Stammesgeschichte der Getreide* (1950), *Tropische Nutzpflanzen. Ursprung, Evolution und Domestikation* (1977), *Die sieben Säulen der Welternährung* (1982) und *Useful Plants of Neotropical Origin and Their Wild Relatives* (1989). Am 17. Dezember 1991 wurde Brücher 76jährig auf seiner Farm Condorhuasi im Distrikt Mendoza (Argentinien) ermordet. Das Tatmotiv ist sicherlich in Brüchers Kampf gegen den Kokaanbau in den Andengebieten Argentiniens zu suchen. Dort hatte er sich stark engagiert, den Kleinbauern alternative Produktionsmöglichkeiten in der Landwirtschaft zu eröffnen, um sie so vom ökonomischen Zwang des Kokaanbaus zu befreien. Außerdem arbeitete Brücher über eine Viruskrankheit, von der er sich eine vernichtende Wirkung auf den Kokastrauch erhoffte.

Ludwig Hermann Plate wurde am 16. August 1862 in Bremen geboren. Plate studierte die Fächer Mathematik und Naturwissenschaften in Jena, Bonn und München. Im Jahre 1885 wurde er unter Haeckel zum Dr. phil. in Jena promoviert, bestand 1887 das Staatsexamen für das höhere Lehramt und wechselte im gleichen Jahr als Assistent an das Zoologische Institut in Marburg. Ein Jahr später erfolgte seine Habilitation in Marburg für das Fach Zoologie. Von 1893 bis 1895 nahm er an einer wissenschaftlichen Reise an die Westküste von Südamerika teil. 1898 wurde Plate Titularprofessor für Zoologie an der Tierärztlichen Hochschule Berlin, 1901 Kustos am Museum für Meereskunde und am 1. April 1905 o. Prof. für Zoologie an der Landwirtschaftlichen Hochschule Berlin. Sein Doktorvater Haeckel forcierte jedoch eine Rückkehr nach Jena und zum 1. April 1909 folgte er dem Ruf als dessen Nachfolger. Hier blieb er bis zum 1. Oktober 1934 im Amt. Mit Beginn der Rufannahme begann Plate damit, seinem Vorgänger in vielerlei Hinsicht „das Leben schwer zu machen." Dieser Konflikt, der auch vor Gericht ausgetragen wurde,

privat

Ludwig Plate

ist im Buch *Die Leartragödie Ernst Haeckels* (1920) detailliert vom Anthropologen Adolf Heilborn beschrieben. Trotz dieses Skandals verlief Plates Karriere weiter erfolgreich (1933 Mitglied der Leopoldina sowie der Akademien in Stockholm und Budapest). Am 16. November 1937 stirbt Plate in Jena. Hinsichtlich seiner politisch-militärischen Karriere ist bekannt: er war langjähriger Vorsitzender des Alldeutschen Vereins Jena; frühes Mitglied der deutschnationalen Partei; seit dem 24. Februar 1930 Mitglied im Stahlhelm; Träger des Ehrenabzeichens des Stahlhelm, des Roter Adlerordens IV sowie des Coburger Ritterkreuzes. Im Jahre 1904 hatte er zudem mit dem Rassenhygieniker Alfred Ploetz sowie dem Juristen Anastasius Nordenholz das „Archiv für Rassen- und Gesellschaftsbiologie" begründet.

Der nunmehr bekannte Plate geriet in der Weimarer Republik sowie im Dritten Reich ins Blickfeld der Nationalsozialisten, insbesondere durch seinen Antisemitismus und seine rassenbiologischen Anschauungen. So hatte bereits am 6. Januar 1920 die Weimarer Regierung ein erstes Mal eingreifen müssen, als es im November 1919 zwischen Plate und der Mehrheit des sozialdemokratischen Gemeinderates und der Studentenschaft in Jena zu Spannungen gekommen war. Plate hatte in seinen Vorlesungen und in der Presse die sozialdemokratisch gesinnte Einwohnerschaft Jenas beschimpft. Er forderte die Studenten sogar auf, in militärische Organisationen und Vereine einzutreten. Später hatte er sich dann auch (in Folge des Kapp-Putsches) im Jenaer Volkshaus u.a. zur „Monarchie" bekannt, weiterhin regelmäßig antisemitische Äußerungen getätigt und im Sommer 1923 das damalige Mitglied der Weimarer Regierung Julius Schaxel verunglimpft. Daraufhin hatten Rektor und Senat Plate am 31. Januar 1920 eine Missbilligung ausgesprochen. Ferner kam es zu einer Beschwerde des Blocks republikanischer Studenten Jena an das Ministerium vom 20. Juli 1923 gegen Plates politische und antisemtische Äußerungen in seinen Vorlesungen vom 17. und 18. Juli 1923. Auch der Zentralverein deutscher Staatsbürger jüdischen Glaubens schickte eine Beschwerde an das Staatsministerium in Weimar vom 28. Juli 1923 gegen dessen „hetzerische antisemitische Propaganda" in seinen Vorlesungen. In der Sitzung der Disziplinarkammer der Universität Jena vom 19. Januar 1924 wurde Plate freigesprochen. Auch ein gewisser „Frauenhass" ist Plate zu bescheinigen und diesen bekam die neu berufene Pädagogikprofessorin Mathilde Vaerting zu spüren, insbesondere in seiner Schmähschrift *Feminismus unter dem Deckmantel der Wissenschaft* (1930). Einen letzten unrühmlichen Höhepunkt stellt dann noch Plates Engagement für die Berufung des nicht habilitierten Publizisten H. F. K. Günther dar. Hierfür hatte er am 21. März 1930 ein acht Seiten umfassendes Sondergutachten vorgelegt, in dem er sich für eine Berufung von Günther – entgegen der in Jena vorherrschenden Meinung – ausgesprochen hatte (Anhang 3).

Erna Auguste Luise Weber wurde am 2. Dezember 1897 in Berlin-Charlottenburg geboren. Weber studierte von 1920 bis Februar 1925 an der Friedrich-Wilhelms-Universität Berlin die Fächer Physik, Mathematik und Philosophie. Am 9. Mai 1925 wurde sie bei Max von Laue und Max Planck promoviert. Von 1925 bis 1930 war sie im Bauingenieurbüro H. Becher und G. Mensch in Charlottenburg, vom 1. Januar 1931 bis 30. Juni 1935 am Kaiser Wilhelm-Institut für Anthropologie und menschliche Erblehre (Eugen Fischer), in der Abteilung von Otmar Freiherr von Verschuer (Doktorvater von Josef Mengele), als Statistikerin tätig.

Sammlung Dr. S. Nagel

Erna Weber

Danach wechselte Weber in den Springer Verlag Berlin (7/1935–6/1937), bis sie im Juli 1937 den Ruf an das Thüringische Landesamt für Rassewesen Weimar erhielt. Hier bekam sie 1940 einen Lehrauftrag für biologische Statistik an der Universität Jena und habilitierte sich am 10. Februar 1945 (Dr. phil. habil.). Im Jahr 1935 war bereits ihr Buch *Einführung in die Variations- und Erblichkeits-Statistik* erschienen. Das Buch kam dann bspw. 1957 als *Grundriß der biologischen Statistik für Naturwissenschaftler, Landwirte und Mediziner* in 3. Auflage bei Gustav Fischer in Jena heraus und erlebte bis 1986 neun Auflagen. Am 15. Dezember 1945 wurde Weber wegen ihrer NSDAP-Mitgliedschaft entlassen. Vom Frühjahr 1946 bis zum 20. November 1949 war sie im VEB Schott Jena und Jenapharm, ab dem 1. Dezember 1949 als Leiterin der statistischen Abteilung am Veterinär- und Tiergesundheitsamt in Jena tätig. Am 1. Januar 1952 erfolgte ihre Ernennung als Dozentin für das Fach naturwissenschaftliche und medizinische Statistik in Jena; ab 1. Januar 1954 als Professorin mit Lehrauftrag in Jena und ab 1. September 1957 als Professorin mit Lehrauftrag für das Fach Mathematische Statistik an der Mathematisch-Naturwissenschaftliche Fakultät der HU Berlin. Am 1. September 1962 erfolgte ihre Emeritierung, wobei sie noch bis zum 31. August 1964 ein Arbeitsverhältnis an der Humboldt-Universität Berlin inne hatte. Im Jahre 1978 erhielt sie die Honorary Life Membership der Biometric Society zuerkannt, 1964 bereits den Vaterländischen Verdienstorden in Bronze und 1972 in Silber. Ab 1967 war sie zudem als Schriftleiterin der „biometrischen Zeitschrift" tätig. Am 19. Mai 1988 verstarb Erna Weber in Ost-Berlin.

Hans Heinrich Böker wurde am 14. November 1886 in Mexico-City als Sohn eines Überseekaufmanns geboren. Als Böker drei Jahre alt war, kehrten seine Eltern – die für einige Jahre eine Niederlassung (Überseehandelshaus) in Mexico geleitet hatten – nach Remscheid/Vieringhausen zurück. Nach dem Besuch der Volksschule von 1893 bis 1897 wechselte Böker anschließend auf das Realgymnasium, wo er 1906 das Abitur ablegte. Nach dem Studium der Medizin in Freiburg, Kiel und Berlin bestand er 1911 das medizinische Staatsexamen in Freiburg. In diese Zeit fällt auch die Ableistung des ersten Mediziner-Einjährigen-Halbjahres beim II. Garde-Dragoner-Regiment in Berlin. Zwei Jahre später (9. Juli 1913) wurde er zum Dr. med. mit der Abhandlung *Der Schädel von Salmo Salar* (Atlantischer Lachs) promoviert, hatte aber bereits am 14. Februar 1913 seine Approbation als Arzt erhalten. Zwischen 1912 und 1932 arbeitete Böker als Assistent und Prosektor am Anatomischen Institut in Freiburg im Breisgau, wo er sich unter Robert Wiedersheim für „Anatomie, vergleichende Anatomie und Entwicklungsgeschichte" habilitierte. Den Ersten Weltkrieg erlebte Böker an der Westfront. Im Jahre 1917 wurde er Privatdozent in Freiburg, 1921 außerordentlicher Professor und hatte vom 1. Oktober 1922 bis 31. März 1923 ein Extraordinariat für Anatomie (1. Prosektor) in Jena inne. Am 1. Oktober 1932 folgte er dem Ruf auf das Ordinariat für Anatomie in Jena. Zum 1. Oktober 1938 ging er als Nachfolger von Otto Veit nach Köln, da sich in Jena seit Mitte der 1930er-Jahre sein Arbeitsumfeld verschlechtert hatte. Es kam zu wissenschaftspolitischen Kontroversen mit dem Kreis um Astel, der Bökers Sympathien für den Holismus und Lamarckismus nicht teilte, sodass in Jena die Berufsperspektiven für ihn wenig aussichtsreich erschienen.

Hans Böker

PA Böker, ThHStAW

Böker war zweimal verheiratet und hatte fünf Kinder. Zwischen 1912 und 1937 unternahm er zahlreiche Forschungsreisen (Korsika, Kanarische Inseln, Amazonasgebiet/Brasilien, Sahara, Cuba) und wurde Ehrenmitglied wissenschaftlicher Gesellschaften (Biologische und Naturhistorische Gesellschaft von Cuba 1937; Leopoldina am 18. Februar 1938). Böker war ferner Mitglied des editorial board der von Egon Freiherr von Eickstedt herausgegebenen *Zeitschrift für Rassenkunde*. Im Jahre 1937 hatte er zudem mit Richard Harder (Göttingen) und Adolf Meyer-Abich die Gründung und erste Einrichtung des „Deutsch-Dominikanischen Tropenforschungsinstitutes" in Ciudad Trujillo (Dominikanische Republik) veranlasst. Böker verstarb am 23. April 1939 an einer Embolie nach einer Blinddarmoperation in Köln. Hinsichtlich seiner militärisch-politischen Karriere konnte folgendes recherchiert werden: im ersten Weltkrieg diente Böker vom 3. August 1914 bis zum 31. Dezember 1918 als

Sanitätsoffizier (Bataillonsarzt) an der Westfront und wurde am 23. April 1917 zum Oberarzt der Reserve befördert, EK II. Klasse am 28. April 1915, Orden des Zähringer Löwen II. Klasse mit Schwertern am 19. Juni 1916; S.A. R II der NSDAP (Nr. 2112104) seit 1. Juli 1934, Förderndes Mitglied der SS (Nr. 1011297) seit 2. Mai 1934; Ehrenkreuz für Frontkämpfer am 22. Dezember 1934; Opferring der NSDAP, Kreisleitung Jena (Nr. 157) am 1. Juni 1937; NSV (1934), RLB (1935) und Reichsbund der Kinderreichen (1934).

Titelblatt

„Wissenschaftliche" Themen

1940 schrieb Karl Astel in seiner Funktion als Rektor: „Im ganzen genommen ist es schon heute der Ruf Jenas, die erste rassen- und lebensgesetzlich ausgerichtete Hochschule Großdeutschlands zu sein und so zu ihrem Teil Umwelt und Erbwelt des deutschen Volkes durch wissenschaftliche Arbeit und deren Anwendung sichern zu helfen."[54]

Verfolgt man die „wissenschaftliche" Ausbreitung rassenkundlichen Denkens in Thüringen und an der Salana, so lassen sich nachfolgende Kriterien für Einteilungen finden:

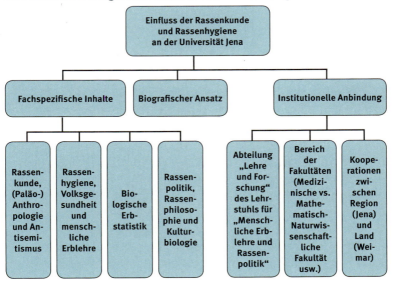

Nachfolgend werden vier wichtige Forschungsfelder in diesem Zusammenhang skizziert.

---

54 UAJ, Best. BA, Nr. 2029, Bl. 72, Karl Astel in einem Manuskript von 1940.

Rassenkunde, (Paläo-)Anthropologie, Prähistorie und Antisemitismus

Es war sicher ein Zufall der eigenen Art und von schicksalhafter Bedeutung, dass Hans F. K. Günther in seinem Verleger Julius F. Lehmann bereits 1920 einen Gleichgesinnten fand, der ebenso die Ideen eines Deutschtums propagierte, sich seit Jahren aktiv im Alldeutschen Verband und der Münchner Gesellschaft für Rassenhygiene sowie als Herausgeber der Zeitschrift Deutschlands Erneuerung engagiert hatte. Lehmann war im Sommer 1920 an Günther mit der Bitte herangetreten, eine rassenkundliche Arbeit über die deutsche Bevölkerung zu verfassen. Günther war von Lehmanns Vorschlag begeistert und widmete sich in den verbleibenden Monaten des Jahres 1920 dieser Aufgabe. Im Januar 1922 erschien dann die *Rassenkunde des deutschen Volkes* in erster Auflage – für den Lehmann-Verlag ein wirtschaftlicher – für Günther ein schriftstellerischer Erfolg. Bis 1945 sollen insgesamt 500.000 Bücher verkauft worden sein (Weindling 1989: 472), trotz kritischer Besprechungen in Fachzeitschriften. Für eine Analyse wurde hier die 16., in Jena überarbeitete Auflage aus dem Jahr 1933 ausgewählt. Im Vorwort skizzierte darin der Verleger Lehmann die seinerzeitige Ausgangslage: „Als wir vor 11 Jahren die erste Auflage erscheinen ließen, war die Rassenkunde in Deutschland so gut wie unbekannt - heute sind Rassenkunde und Rassenpflege Unterrichtsfächer geworden. Mit Genugtuung sehen Verfasser und Verleger auf diese Entwicklung zurück" (Günther 1933: III). Das Inhaltsverzeichnis sah so aus: in der Regel an die zwei Dutzend Kapitel, die die Hauptschwerpunkte leibliche Merkmale sowie seelische Eigenschaften (der einzelnen „Rassen") behandelten, eine Reihe von Verzeichnissen und ein Werbeanhang.

Rasse

Die Nationalsozialisten führten allenthalben das Wort „Rasse" im Munde. Es war von Rassegesetzgebung, Rassewesen und vielem mehr die Rede. Dabei fehlte damals wie heute die Definition, was eine menschliche Rasse sein soll. Das Fehlen einer Definition ist recht einfach zu erklären. Es ist unmöglich etwas zu definieren, was es so nicht gibt. Daher ist „Rasse" oftmals ein politisch kommentierter Begriff, der je nach Anwendung definiert wurde.

Günthers Definitionsversuch fällt nichtssagend aus: „Eine Rasse stellt sich dar in einer Menschengruppe, die sich durch die ihr eignende Vereinigung körperlicher Merkmale und seelischer Eigenschaften von jeder anderen (in solcher Weise zusammengefassten) Menschengruppe unterscheidet und immer wieder nur ihresgleichen zeugt" (Günther 1933: 1, 14). Günthers statischer Rasse-Begriff war ein völkisch-abstammungsgeschichtliches Modell, in dem die „Rassenseele" zentrale Bedeutung hatte. Was auch immer darunter zu verstehen war, andere Definitionen fielen nicht konkreter aus. Karl Saller wählte einen dynamischen Rassebegriff, der geographisch-sozialreligiöse Rassen als Ergebnis eines Mischungs- und Veränderungsprozesses ansah. Auch er blieb Konkreteres schuldig. Es gab also keine überprüfbaren, nachvollziehbaren Kategorien. Wenn Karl Astel „menschliche Züchtung" forderte, so geschah das ohne irgendeine wissenschaftlich definierbare Voraussetzung oder Ziel.

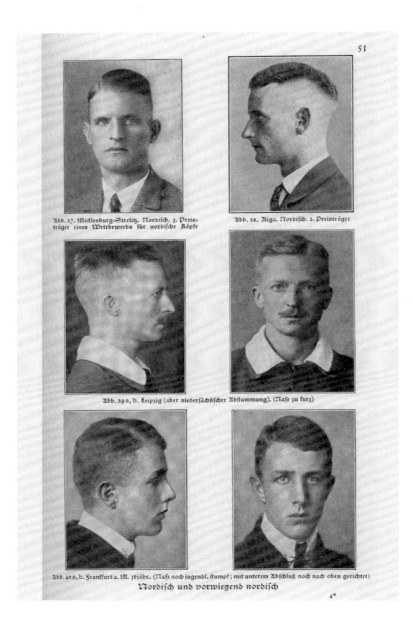

„Nordisch und vorwiegend nordisch", S. 51, Günther 1933

Das Werk war eingängig geschrieben, zahlreiche Rassenbildnisse sollten den Blick „auf die rassenhafte Bedingtheit menschlicher Umwelt" lenken sowie die Aufmerksamkeit des Lesers auf eine rassische Geschichtsbetrachtung richten. Der Göttinger Humangenetiker Peter Emil Becker (1990) sieht in dem Buch eine Art Anker für viele Deutsche in einer Zeit voller Unsicherheiten. Neben der Darstellung der Eigenschaften der einzelnen „Rassen" finden sich in der *Rassenkunde* aber auch ausführliche Kommentare zu Themata wie Verteilung und Sprache der „Rassen", Rassenkreuzung, Rassenmischung, Herkunft der „nordischen Rasse" sowie zur Ent- und Wiedervernordung (Förderung des „Nordischen Menschen").

Als ein Hauptresümee formulierte Günther unter der Überschrift „Die Aufgabe": „Eine folgerichtige, reine und wertezeugende Entfaltung deutschen Lebens ist nur möglich aus dem Blut und Geist der Nordrasse heraus [...] Aus dem drohenden ‚Untergang' kann ein neuer Aufstieg nur werden, wenn das nordische Blut, dem die geschichtliche Größe aller indogermanischen Völker zu danken ist, wieder erstarkt und nordische Menschen wieder zahlreich, kinderreich und führend werden" (Günther 1933: 463). So reduzierte Günther die moderne Welt und erklärte sie in einfachster Weise. Sein Modell stieß dabei auf eine verunsicherte, empfangsbereite Gesellschaft. Die Nationalsozialisten griffen dieses Gedankengut nur zu gern auf.

Am 16. Mai 1930 war durch Wilhelm Frick – wie bereits erwähnt – die Ernennung von H. F. K. Günther zum ordentlichen Professor mit Lehrauftrag für Sozialanthropologie in der Mathematisch-Naturwissenschaftlichen Fakultät erfolgt. Die Berufung hatte eine ungewöhnlich politische Diskussion ausgelöst. Nach Auffassung der Thüringer Kommunisten war diese Berufung nur deswegen erfolgt, um die „Nazi-Theoretiker an der Jenaer Universität, die Studenten, für den Faschismus zu gewinnen. Unter der Flagge des Rassenkampfes [soll] der Klassenkampf gegen das Proletariat auch in den Universitäten verschärft fortgeführt werden. Der Hochschulfaschismus [sei] eine wachsende Gefahr für das Proletariat. [...] Den Studenten selbst bringt man bei, sie seien die ‚Edelrasse'."[55] Aus nationalsozialistischer Sicht stellte sich die Situation anders dar: „Uns scheint: der Herr Rektor mißverkennt völlig seine Stellung, die er innerhalb des Volksganzen einnimmt. Er hat dem Leben zu dienen und nicht jenen Feinden Deutschlands entgegenzukommen, die gegen das deutsche Leben hetzen", hieß es im „Völkischen Beobachter", dem NS-Kampfblatt, vom 4. Juni 1930. Am 1. Oktober 1930 trat Günther sein Lehramt an, sechs Wochen später hielt er in der überfüllten Aula der Universität seine Antrittsvorlesung mit dem Titel „Über die Ursachen des Rassenwandels der Bevölkerung Deutschlands seit der Völkerwanderungszeit" in Anwesenheit von Frick, Hitler, Hermann Göring, Hanno Konopath, Hans Severus Ziegler und Paul Schultze-Naumburg. Bei dieser Gelegenheit war Hitler das erste und zugleich letzte Mal Gast an einer Universität. Im „Jenaer Volksblatt" kann man unter dem Titel „Rassenprofessor Günther liest" folgende ausführliche Notiz finden: „Seine erste Vorlesung zeigte ein im Lehrbetrieb unserer Alma mater bisher ungewohntes Bild. Die Vorlesung wurde infolge starken Andranges von Wißbegierigen oder vielmehr Neugierigen aus dem kleinen in den großen Hörsaal des Zoologischen Institutes verlegt. Eine SA-Abteilung nationalsozialistischer Studenten in Braunhemden mit Hakenkreuzarmbinde, die sich von den ‚Zivilisten' abhob und der Stunde das Gepräge gab, hatte an der Wand Aufstellung genommen. Unter den prominenten Gastzuhörern wurde auch der geistesverwandte Professor Schultze-Naumburg gesichtet. Als der neugebackene Professor das Katheder betrat, wurde er von seinen Freunden mit gewaltigem Getrampel begrüßt. [...] Die Vorlesung selbst war keine Sensation."

Da in den Archiven weder Vorlesungsskripte noch andere Aufzeichnungen über Günthers Lehre in Jena vorhanden

---

55 Thüringer Volksblatt vom 20. November 1930.

sind, lassen sich keine inhaltlichen Aussagen über seine Vorlesungen, Übungen und Kolloquien treffen. Einige Pressenotizen zeigen aber, dass die ersten Vorlesungen („Sensationskollegs") stark besucht waren, später die Hörerzahl abnahm. Günther las insgesamt neun Semester an der Jenaer Salana, wobei er im Sommer 1934 ein Freisemester für seine publizistische Tätigkeit genehmigt bekam. Die Titel der angekündigten Lehrveranstaltungen dokumentieren das Bestreben Günthers, sich den Studenten und Kollegen wissenschaftlich breit zu präsentieren. Günther bot in Jena zwischen 1930/31 bis 1935 u.a. folgende Veranstaltungen an: Wintersemester 1930/31: Rassengeschichte Europas; Sommersemester 1931: Einführung in die Anthropometrie und in die Grundlagen der Anthropologie, Kolloquium: Ehe und Familie vom Standpunkt der Erbgesundheitslehre, Sozialanthropologische Vorgänge aus der hellenischen und römischen Geschichte; Wintersemester 1931/32: Kolloquium: Übungen mit Kartenentwerfen zur Rassenkunde Thüringens, Rassengeschichte des jüdischen Volkes; Sommersemester 1932: Die Rassen der Steinzeit; Gattenwahl, Ehe und Familie vom Standpunkt der Erbgesundheitslehre; Sommersemester 1935: Menschwerdung und Menschenrassen der Steinzeit, Rassengeschichte des jüdischen Volkes im Rahmen der Rassen- und Völkerkunde und der Religionsgeschichte Vorderasiens und Nordostafrikas. Eine Vorbildwirkung von Günther auf die Studenten lässt sich schwer nachweisen und rekonstruieren. Hier ist man auf Zufallsfunde angewiesen, zumal Günther in den fünf Jahren nachweislich nur zwei Doktoranden (Roderich Müller: Untersuchung über die Beziehungen zwischen Kopfform und geistiger Leistung an 932 Knaben des 4. Schuljahres zu Halle a.S., 1935; Kurt Bürger: Göttern, eine anthropologische Untersuchung in Thüringen, 1936) bis zum Examen betreute. So schrieb beispielsweise der Student Kurt Westphal 1942 zu seiner Motivation in einer von Struck und Heberer betreuten Promotion über Anthropologische Untersuchungen in Wulfen (Kreis Köthen/Anhalt): „Als Student erlebte ich den Kampf um die Errichtung eines Lehrstuhles für Anthropologie an der Friedrich-Schiller-Universität mit. Die Antrittsvorlesung von Professor Dr. Günther im November 1930 in der Aula der Universität war für mich ausschlaggebend für das Studium der Anthropologie. Ich verdanke Herrn Prof. Dr. Günther eine gute Grundlage für die Anthropologie" (Hoßfeld 1997: 79).

Das Schicksal des deutschen Volkes war nach Günther Produkt der Auseinandersetzung der jeweiligen Rassenanlagen des Volkes mit seiner Umwelt. Bis zur elften Auflage seiner *Rassenkunde des deutschen Volkes* 1927 hatte er zudem jeweils ein Kapitel zur „Rassenkunde des jüdischen Volkes" verfasst; dieses lieferte dann die Grundlage für das spätere Buch mit gleichem Titel. Einige Kurzzitate von Günther zum „Judentum" zeigen dabei seine Geisteshaltung: „Juden sind ein Rassengemisch [...] der Jude wird in den meisten Fällen als solcher an somatischen Merkmalen und am Habitus von Nichtjuden erkannt [...] niemand bezweifelt im Ernst die Macht, die die Juden in der Presse besitzen" usw. (Günther 1933). Seine *jüdische Rassenkunde* verkaufte sich in nur drei Auflagen mit ca. 12000 Exemplaren – im Vergleich zu den anderen Büchern – relativ schlecht (Weisenburger 1997: 175). Trotz der Lehrbelastung erschienen in Jena „zentrale Werke" von Günther: so ein Minister Frick gewidmeter Vortrag mit dem Titel *Volk und Staat in ihrer Stellung zur Vererbung und Auslese* im April 1933, im September 1933 das Buch *Die nordische Rasse bei den Indogermanen Asiens* bzw. folgte 1934 noch die Rosenberg gewidmete Schrift über *Die Verstädterung*.

Auf die dürftige Qualität seines wissenschaftlichen Werkes soll an dieser Stelle nicht weiter eingegangen werden. Stellvertretend sei hier nur an die mutige Haltung des Freiburger Pathologen Ludwig Aschoff, des Göttinger Anthropologen Karl Saller sowie des Botanikers Fritz Merkenschlager erinnert, die sich bereits Ende der 1920er Jahre entschieden gegen die pseudowissenschaftliche Argumentation und ideologische Vereinnahmung des Faches Anthropologie gewandt hatten.

Günther steht als der Popularisator der NS-Rassenkunde und lieferte laut einem Zitat aus der Zeitschrift *Der Kampfruf* „der nationalsozialistischen Bewegung das geistige Rüstzeug" (Klappentext in der 13. Auflage der *Rassenkunde des deutschen Volkes*, München 1933). Ab Mitte der 1920er-Jahre hatte die Anthropologie endgültig den Status einer Wissenschaft verlassen und war zur „Begründung" von Höherwertigkeit einer und Minderwertigkeit einer anderen Menschengruppe verkommen. Das hat Günther geschickt genutzt! Nach dem Weggang von Günther nach Berlin zum Wintersemester 1935/36 wurde am 5. Februar 1938 schließlich sein Wunschkandidat Bernhard Struck zum ordentlichen Professor für Anthropologie und Völkerkunde an der Universität Jena ernannt.

Nach 1933 war es dann aus mit einer pluralistischen Wissenschaft. Die Nationalsozialisten förderten Typen wie Günther und unterdrückten jede kritische Stimme, wo auch immer es ihnen wichtig erschien.

Neben Struck und Günther waren aber auch noch die Zoologen Gerhard Heberer und Victor Franz in Jena auf rassenkundlichem und paläoanthropologischem Gebiet während der NS-Zeit besonders aktiv. Es war die Frage nach dem „Rassentypus" und der „Urheimat" des indogermanischen Urvolkes, die für Gerhard Heberer in den 1930er- und 1940er-Jahren einen Schwerpunkt seiner Forschungen darstellen sollte, zumal diese auch ins thüringische Rassenkonzept passten. Wer also auf diesem Gebiet unterwegs war, wusste worauf er sich einließ oder war von den NS-Vorgaben überzeugt. Im Jahre 1938 legte Heberer, bereits nach Jena berufen, erste größere rassengeschichtliche Monographien über *Die mitteldeutschen Schnurkeramiker. Beiträge zur Rassengeschichte Mitteldeutschlands,* sowie *Über den Rassentypus der Träger der Baalberger Kultur* vor. Das Ergebnis dieser Publikationen deckte sich im wesentlichen mit seinen früheren Untersuchungen und sollte verdeutlichen, dass die mitteldeutschen Schnurkeramiker rassisch die Merkmale der „nordischen und fälischen Rasse" in „inniger Durchdringung" zeigten (Heberer 1939c: 53). In den folgenden Jahren setzte Heberer dann seine Untersuchungen zur „Rassengeschichte" der jüngeren Steinzeit fort und verwies in einem Aufsatz „Mitteldeutschland als vorgeschichtliches Rassenzentrum" (1939) auf dessen Stellung seit dem Paläolithikum, sowie auf die „rassengeschichtliche Kontinuität" in der Indogermanenfrage (Heberer 1939a, b, c). Das Jahr 1943 wurde für ihn zum programmatischen Jahr seiner Untersuchungen zum Indogermanenproblem; es erschien sein Buch über *Rassengeschichtliche Forschungen im indogermanischen Urheimatgebiet*. Sein Gesamtresümee lautete: „Der Norden hatte sich gegen die südliche Invasion durchgesetzt!", was die These von der asiatischen bzw. osteuropäischen Herkunft der Indogermanen seiner Meinung nach widerlegte (Heberer 1943: 39, 41). Ob Heberer allerdings an manche von ihm aufgestellte Hypothese dieser Scheinwissenschaft wirklich glaubte, ist nicht klar. Opportunist oder Überzeugungstäter – Herberer wusste genau, was er tat. Seine Forschungen dienten dem Nationalsozialismus als Bestätigung ideologischer Überzeugungen. Entsprechendes Wohlwollen konnte er bei NS-Größen wie Himmler, Astel und Sauckel voraussetzen. Schließlich sah Heberer als Ergebnis seiner Untersuchungen die Überlegenheit der nordischen Rasse gegenüber den anderen Rassen, deren Zentrum in Mitteleuropa lag, als er bemerkte: „Heute aber gestaltet sich in einem ungeheuren Werden im Herzen Europas wiederum eine neue Menschheit" (ebd.: 53).

Victor Franz unternahm während der NS-Zeit den Versuch, seine biologische Vervollkommnungstheorie auf die menschliche Gesellschaft zu übertragen. Das „Führerprinzip" und den „Rassenaufstieg" erklärte er mit biologischen Gesetzen. So findet man, entsprechend seiner nationalsozialistischen Überzeugung, in der Zeitschrift *Rasse – der Monatsschrift der Nordischen Bewegung* – Aussagen von ihm wie: „So hat das

Schema der kulturellen und rassischen Entwicklung im Mittel- und Norddeutschen Raum, Heberer 1943, S. 26

Judentum, als Lebewesen betrachtet, einen wenig entfaltungsfördernden Aufbau, dementsprechend auch geringen Daseinsvollkommnungsgrad – was einzelne von ihnen zeitweilig selbst einsehen oder fühlen – und in Übereinstimmung damit auch nur geringe Entfaltung" (Franz 1937b: 264); „Tatsache ist, daß Indogermanen, nicht Mongolen die Welt erobert haben" (ebd.: 263) bzw. „Im Buch der Deutschen, Mein Kampf, von Adolf Hitler, ist sonnenklar ausgesprochen, daß das eigentliche Ziel der Rassenpflege Vervollkommnung der Gesittung ist [...] Es ist nunmehr wenigstens so viel klar, Aufstieg oder Vervollkommnung eines Volkskörpers, der ein Rassengemisch darstellt, muß im allgemeinen möglich sein durch Wiederherauszüchtung derjenigen Rasse, die am meisten Träger von artgemäß Hochgeistigem oder von Kultur unter den miteinander vermischten ist. Ein Rassengemisch beeinträchtigt die Versammlung auf sittliche Werte, erhöht dagegen die Zerlegung, die Vielspältigkeit der Ziele; dem entgegenzuwirken, ist also eben so sehr Selbsterhaltungs- wie Aufstiegswille" (Franz 1936b: 76).

In autobiographischen Erinnerungen (Kreft & Hoßfeld 2005) an seine Zeit beim Neuroanatom Ludwig Edinger an dessen Neurologischem Institut in Frankfurt am Main (1910–1912) führte Franz ferner seinen Antisemitismus auf Erfahrungen zurück, die er mit diesem Juden machte: „Rassenbewusstsein [...] Antisemitismus beruht oft nicht auf einzelnen Erlebnissen, sondern primär wohl [!] in der Regel [!] auf instinktiver Antipathie. Zu tadeln ist er daher so wenig wie jede andere spontane Gefühlsregung [...] unsre Antipathie gegenüber dem Juden ist ebenso wünschenswert wie ein zielsicherer Instinkt in der Gatten- oder in der Berufswahl."[56] Bemerkenswerterweise ging Franz nicht so weit, die physische „Endlösung der Judenfrage" ausdrücklich zu fordern: „Allgemein muß ein Modus vivendi mit den Juden gefunden werden", blieb seine in der Autobiografie vertretene Position, ohne zu präzisieren, wie dies auf deutschem Boden

---

56 Autobiographie V. Franz, S. 112, Nachlass Franz im EHH.

überhaupt noch denkbar sei: „Aber wünschenswert bleibt, daß das tiefe Bewußtsein des Nicht-Zusammenpassens wach bleibt. Dies ist das Beste, was mich Frankfurt gelehrt hat."[57] Damit vollzog sich, trotz der zugespitzten Modifikationen, die Schilderung dieses Kapitels vor dem Horizont der geschlossenen Weltanschauung, die auch aus Franz´ Veröffentlichungen sprach, in denen er den Gedanken der „möglichsten Rassereinheit" sowie die „züchterische Ausmerzung des körperlich Ungesunden und geistig Mangelhaften als Voraussetzungen des weiteren „Rasseaufstiegs" propagierte (Franz 1935a: 77 ff.), sich ausdrücklich gegen die Assimilation der Juden wandte („vorher fraßen wir die Giftpflanze"; Franz 1937b: 264 f.) und den „Nationalsozialismus" als Verwirklichung einer „Lehre von der entwicklungsgeschichtlichen Vervollkommnung" rechtfertigte („das Richtige vieler heutiger Arbeit am Volkskörper"; Franz 1937b: 267).

Vor diesem Hintergrund sind seine Bestrebungen zu werten, sehr früh (1930) als Mitglied der NSDAP beizutreten, so dass er (1941) von sich sagen konnte: „ [...] für mich als wohl langjährigsten Pg. nach unserem Rektor Herrn Staatsrat Astel."[58] Weiterhin ist zu bemerken, dass Franz als Direktor des Haeckel-Hauses von 1935 bis 1945 im Spannungsfeld kontroverser Diskussionen innerhalb der NSDAP-Führung (Ahnenerbe der SS vs. Amt Rosenberg vs. Rassenpolitisches Amt) wesentlich zur Integrierung und Aufwertung Haeckels in der NS-Zeit beigetragen hat. All dies versuchte er nach 1945 mit den Worten zu rechtfertigen „In meiner wissenschaftlichen Lebensarbeit habe ich manchen Irrtum durchgemacht und ihn berichtigt, und so kann ich auch diesen dahin berichtigen, daß erstmalig beim Menschen Ueberzentralisation vorkommt,

---

57 Ebd., 113.
58 Die Aussage stimmt so nicht, schließlich waren mit B. Kummer (NSDAP seit 1. Mai 1928, Nr. 87861) und J. von Leers (NSDAP seit 1. August 1929, Nr. 143709) schon zwei seiner Kollegen länger als Franz und Astel in der Partei organisiert (ThHStAW, Best. C 65 „Die Mitgliedschaft der Beamten zur N. S. D. A. P.").

infolge der Gehirnentwicklung."⁵⁹ Ende der 1940er-Jahre hatte Franz ebenso Antisemitismus in seiner Autobiographie (Kreft & Hoßfeld 2005) verharmlost. Von fanatischer Reflexion keine Spur: „Antisemitismus beruht oft nicht auf einzelnen Erlebnissen, sondern primär wohl in der Regel auf instinktiver Antipathie. Zu tadeln ist er daher so wenig wie jede andere spontane Gefühlserregung, sondern glücklich ist, wer spontane Gefühlserregungen hat, und unsere Antipathie gegenüber dem Juden ist ebenso wünschenswert wie ein zielsicherer Instinkt in der Gatten- oder in der Berufswahl […] Aber wünschenswert bleibt, daß das tiefe Bewußtsein des Nicht-Zusammenpassens wach bleibt."⁶⁰ Bereits 1935 hatte er zu diesem Kontext bemerkt: „[…] steht es gerade in der Gegenwart uns Deutschen klar vor Augen, daß ein solcher Organismus durch Verselbständigung seiner Teile oder Teilfunktionen dem Zerfall so nahe kommen kann, daß eine starke zentralisierende Kraft ihn retten muß. Das geschah in der deutschen Märzrevolution von 1933 […] Die nationalsozialistische Grundauffassung ist im tiefsten Sinne biologisch orientiert […] und erstrebt mit allen äußerlich viel sichtbareren, national-erzieherischen und sozialistischen Mitteln letztlich unser Zentralisierendstes, das am meisten uns vereinigt und somit uns stärkt, sofern es selber stark ist: die volle Entfaltungsmöglichkeit deutschen Wesens. So ist auch das eigentliche Ziel der Rassenpflege die dem Volkskörper erreichbare höchstmögliche Schönheit und Würde des Menschendaseins. Im Buche der Deutschen, ‚Mein Kampf' von Adolf Hitler, ist das sonnenklar ausgesprochen, und es wäre gut, wenn Jeder es wüßte" (Franz 1935a: 77, 79; Süß 2003). Sofern belegbar, hielt sich Franz in seinen Vorlesungen – im Gegensatz zu Plate – aber von derartigen Stellungnahmen vor den Studenten zurück.⁶¹

---

59 Ebd.
60 Archiv des Ernst-Haeckel-Hauses, Best. Z, Autobiographie Victor Franz, Nachlass Franz, S. 113.
61 Nachlass Heinz Benedix, Herbarium Haussknecht Jena.

Ein weiteres Beispiel für den in Jena unter Biowissenschaftlern zu findenden frühen Antisemitismus ist der des Haeckel-Nachfolgers L. Plate. Im Gegensatz zu vielen seiner Kollegen verheimlichte Plate diesen in der Öffentlichkeit nicht. Seine antisemitischen Gedanken postulierte er weniger in seinen Schriften als vielmehr in seinen Vorlesungen, was ihm studentische und kollegiale Kritik und sogar ein dienstliches „Verfahren" an der Universität einbrachte: „[...] hat neuerdings wie früher schon in den Vorlesungen aus seinem Fache sich in absprechender Weise über die Staatsumwälzung von 1918 und die republikanische Staatsform geäußert. Ferner hat er bei derselben nach uns gemachten Mitteilungen verschiedentlich zur Judenfrage Stellung genommen und dabei Behauptungen aufgestellt, die abgesehen von ihrer Haltlosigkeit, auf die jüdischen Staatsbürger verletzend wirken."[62] Weiter liest man: „daß die Plate'schen Vorlesungen eine Quelle jener Verhetzung junger Menschen darstellen, die für unser Vaterland so unglückliche Folgen gezeitigt hat [...] sorgfältig gehütete Freiheit der Lehre wird von Professor Plate gröblich mißbraucht."[63] Der Große Senat wies in einer Sitzung am 20. Januar 1923 dann darauf hin, daß er mit Entschließung vom 31. Januar 1920 politische Betätigung im Hörsaal mißbilligt [habe].[64] Das Verfahren zog sich ohne größere Konsequenzen für Plate noch bis 1924 hin. Zu ergänzen ist an dieser Stelle, dass fast ein Jahr später (7. Juli 1925) die NSDAP-Fraktion im Thüringer Landtag einen Antrag stellte – der dem Tenor Plates entsprach und vorsah, Juden als Lehrer nicht mehr in den Landesdienst einzustellen: „Die Juden als eine fremdblütige, der deutschen seelisch und geistig entgegengesetzte, feindliche Rasse, sind außer Stande deutsches Fühlen und Denken, Wollen und Handeln

---

62   ThHStAW, PA Ludwig Plate, Nr. 23373. Best. Volksbildung, Brief von Wuttig an ThVBM vom 11. Januar 1923.
63   Ebd.
64   Ebd., Brief von Bauch vom 1. Februar 1923.

zu verstehen [...]."⁶⁵ Diese Meldung brachte ein breites nationales sowie internationales Presseecho hervor, zumal man zum Schaden der Universität vermeldet hatte: „Die Landesuniversität Jena ist für ausländische Juden gesperrt. Als Jude im Sinne dieses Gesetzes gilt jeder Ausländer, der nicht den notariellen Nachweis erbringt, daß seine beiden Eltern und sämtliche vier Großeltern sich zur christlichen Religion bekennen und bekannten."⁶⁶ Obwohl der Rektor diese Nachricht dementierte: „Die durch die Presse veröffentlichte Nachricht [...] entbehrt jeder tatsächlichen Grundlage", protestierte daraufhin dennoch die Fraktion Deutschvölkischer Freiheitsbewegung im Landtag: „Diese amtliche Benachrichtigung [...] ist nichts anderes als eine indirekte Einladung der ausländischen Juden zum Studium an der Universität Jena."⁶⁷ Im Jahre 1935 betonte Plate dann nochmals, dass er politisch immer rechts gestanden habe und als langjähriger Vorsitzender der Ortsgruppe Jena des Alldeutschen Verbandes stets für nationalistische Ziele eingetreten sei (Plate 1935: 84–87). Zwei Jahre später, am 8. Juni 1937, teilte Plate dann dem Reichskultusministerium in einem Schreiben mit: „[...] bin ich vom Rektor der Universität Sofia aufgefordert worden, dort 2 Vorträge vor der medizinischen Fakultät zu halten. Ich würde in dem 1. Vortrag die allgemeine Bedeutung der Vererbungslehre und in dem 2. die medizinische Bedeutung der Vererbungslehre und der Rassenhygiene behandeln. In beiden Vorträgen bietet sich natürlich viel Gelegenheit, für die Ziele des Nationalsozialismus einzutreten"⁶⁸ – ein Beispiel aus Plates letztem Lebensjahr, das seine geistige Grundhaltung nochmals belegt. Weitere Beispiele sind die unter der

---

65 ThHStAW, Best. C 196, Notiz vom 11. August 1925.
66 Deutsche Zeitung Nr. 468 B vom 6. Oktober 1925 sowie das Algemeen Handelsblad vom 29. Juli 1925.
67 ThHStAW, Best. C 196, „Kleine Anfrage" vom 14. Oktober 1925 der Fraktion Deutschvölkischer Freiheitsbewegung an den Landtag.
68 ThHStAW, PA Ludwig Plate, Nr. 23373. Best. Volksbildung, Brief von Bauch vom 1. Februar 1923.

Mitherausgeberschaft von Plate in der Zeitschrift *Archiv für Rassen- und Gesellschafts-Biologie* erschienenen rassenhygienischen Publikationen bzw. seine Rolle bei der Berufung des „Rasse-Günther". Der jüdische Genetiker und spätere Emigrant Richard Goldschmidt hat Plate einmal als „Pan-Germanisten" bezeichnet. Unrühmlicher Höhepunkt des Antisemitismus an der Salana war aber die von Theodor Scheffer, Pädagogisch-politisches Seminar, im Sommersemester 1943 organisierte Gemeinschaftsvorlesung über „Die Judenfrage": „Es ist für uns nicht damit abgetan, daß wir die Judenfrage im Reich weitgehend gelöst haben. Sie ist eine Weltfrage, mit der dieser Krieg und seine immer heftiger werdenden Kämpfe zusammenhängen."[69] An der Vortragsreihe von zehn Abenden, beginnend mit dem 20. Mai 1943, hatten sich folgende Referenten beteiligt: Geschichte der Judenbekämpfung (Scheffer), Das rassische Bild des Judentums (Heberer), Das bevölkerungspolitische Problem (Astel), Die Juden in den einzelnen Ländern (von Leers), Die Juden im literarischen Leben unseres Volkes (Wesle), Das Judentum in der deutschen Kultur und Kunst (Ziegler), Jüdische und germanische Musik mit Beispielen auf Schallplatten (zur Nedden), Die Juden in der Wirtschaft (Kretzschmann), Die Juden in der Politik (Kretzschmann) sowie Beschluss (Scheffer).

Rassenhygiene, Volksgesundheit und menschliche Erblehre

Bereits in seiner rassenideologisch ausgerichteten Antrittsvorlesung am 19. Januar 1935 hatte Astel in der Aula der Universität zu den künftigen Aufgaben der „Deutschen Wissenschaft" bemerkt: „Daher wollen wir in Zukunft den Wert einer Wissenschaft nicht mehr nach der geistigen Leistung an sich, die für sie aufgewandt worden ist, messen – wie bisher – ,

---

69 UAJ, Best. BA, Nr. 2120, Auszug aus dem Text auf dem Einladungsposter.

Pädagogisch-politisches Seminar
Dr. Th. Scheffer

Die Reihe der öffentlichen Vorlesungen wird in diesem Semester fortgesetzt mit einer Gemeinschaftsvorlesung über

DIE JUDENFRAGE

Es ist für uns nicht damit abgetan, daß wir die Judenfrage im Reich weitgehend gelöst haben. Sie ist eine Weltfrage, mit der dieser Krieg und seine immer heftiger werdenden Kämpfe zusammenhängen: wir oder sie mit ihrem politischen Anhang — einer von beiden muß auf der Strecke bleiben. Und wir dürfen es nicht sein. Die Judenfrage soll deshalb in ihrem ganzen Umfang dargestellt werden. Dazu haben sich in einer

Vorlesungsreihe von 10 Abenden
verbunden die Herren

Professoren Astel, Herberer, Generalarbeitsführer Kretzschmann, Dr. zur Nedden, Prof. von Leers, Dr. Scheffer, Prof. Wesle, Staatsrat Dr. Ziegler

Es werden behandelt: „Geschichte der Judenbekämpfung" (Scheffer); „Das rassische Bild des Judentums" (Heberer); „Das bevölkerungspolitische Problem" (Astel); „Die Juden in den einzelnen Ländern" (v. Leers); „Die Juden im literar. Leben unseres Volkes" (Wesle); „Das Judentum in der deutschen Kultur und Kunst" (Ziegler); „Jüdische und germanische Musik" mit Beispielen auf Schallplatten (zur Nedden); „Die Juden in der Wirtschaft", „in der Politik" (Kretzschmann); Beschluß (Scheffer).

Die Vorlesungen finden Donnerstag Abend im Hörsaal I der Universität statt; Beginn am 20. Mai. — Hörerkarte für Studenten RM 2.00, für alle anderen RM 5,00 (dagegen keine Hörgebühr).

UAJ, Best. BA, Nr. 2120, Bl. 179

sondern ausschließlich nach ihrem Sinn und Zweck für das gesunde Leben und dessen Erhaltung und Vervollkommnung. Damit legen wir der neuen deutschen Universität, der Hochschule des Dritten Reiches, erst das rassische und lebensgesetzliche Denken zugrunde" (Astel 1935: 206). In einer weiteren Rede am 6. November 1936, betitelt „Die Aufgabe", zur Eröffnung des Wintersemesters 1936/37 an der Thüringischen Landesuniversität sowie gleichzeitigen Amtseinführung der „Historiker" Johann von Leers und Bernhard Kummer, präzisierte er dann nochmals in radikalerem Tenor: „Der nationalsozialistische Staat des Dritten Reiches dient dem Leben und der Zukunft eines an Körper, Verstand und Gemüt gesunden und auf Grund dieser Gesundheit kinderreichen und daher ewigen deutschen Volkes. Die Mittel, um dieses an Blut und Erbmasse des Volkes gebundene Ziel zu erreichen, heißen: Auslese und Zucht. Damit wird der Rassengedanke zum Angelpunkt der nationalsozialistischen Politik und Weltanschauung [...] An der Wiege der nationalsozialistischen Universität steht endlich und am bedeutungsvollsten die exakte, d.h. durch experimentelles Tatsachenmaterial genau und sorgfältig belegte Erblichkeitslehre und die auf ihr aufbauende Rassenkunde und Bevölkerungspolitik [...] ist es ganz selbstverständlich, daß keine akademische Ausbildung mehr ohne den Nachweis einer ausreichenden Grundbildung von Vererbung, Rassenhygiene und Bevölkerungspolitik vor sich gehen sollte" (Astel 1937: 7f).

Einige Zahlen von 1934 und 1937 verdeutlichen dabei den von Astel geforderten und zielstrebig umgesetzten regionalen Forschungstrend in der Rassenkunde Thüringens.[70] Bereits 1934 konnte er erste konkrete Ergebnisse der „Ein-

---

70 Vgl. u.a. die entsprechenden Akten des UAJ, ThHStAW, BDC bzw. die „Tätigkeitsberichte" zu Astels Institut (z.b. Korrespondenz zur Familienkunde 1933; Der Biologe 1934, Volk und Rasse 1935); ebenso die Angaben in den Zeitschriften *Volk und Rasse* 1933-1935 sowie *Der Biologe 3* (1934), S. 30-31.

flußnahme auf [die] erbliche Beschaffenheit der Thüringer Bevölkerung [damals 1, 67. Mill. Einwohner]" bekanntgeben: so wurden 133 Rassen-Kurse mit 9080 Kursteilnehmern und sieben rassenhygienische Ärztekurse mit 583 Teilnehmern durchgeführt bzw. 302 Vorträge über nationalsozialistisches Gedankengut gehalten,

ferner fand die Aufführung des Volkslehrstückes „Erbstrom" von Dr. Konrad Dürre statt, welches in 75 Orten Thüringens in über 140 Vorführungen von 116110 Besuchern gesehen wurde (Zeitraum: 10. März 1934 bis zum 30. November 1934),

das Merkblatt „Erbstrom" verteilte man über eine Million mal und die Wanderausstellung „Thüringisches Rassewesen"[71] wurde in 21 Städten von 73200 Besuchern gesehen. Die Ausstellung wurde während des Gauparteitages vom 15. bis 22. Juni 1934 in Gera gezeigt.

bei den 18 Erbgesundheitsgerichten Thüringens waren bis November 1934 2633 Sterilisierungsanträge gestellt, wovon in 1814 Fällen auf Sterilisierung erkannt und davon bereits 957 ausgeführt wurden bzw. erfolgte die Fortführung der kriminalbiologischen Erfassung der Strafgefangenen Thüringens (von 1900 wurden 740 in der Kriminalbiologischen Abteilung des Landesamtes erfasst),

weiterhin wurden zahlreiche Einbürgerungsanträge (130)[72] bearbeitet.

eine Beratungsstelle für Vererbungs- und Eheberatung eröffnet,

362 kinderreiche Familien mit rund 3600 Personen für die Sauckel-Marschler-Stiftung auf Erbgesundheit hin untersucht usw.

---

71 ThHStAW, ThMdI, Best. A 1954, Bl. 205.
72 ThHStAW, Best. C 294, Brief von Astel an Stier vom 26. September 1935); Einverständnis von Weimar am 7. November 1935 (ebd.).

Drei Jahre später (1937) radikalisierte sich dieser Ansatz weiter. Folgende Forschungsprojekte[73] sollten bearbeitet werden:
von der Deutschen Forschungsgemeinschaft (DFG) wurde das Projekt „Erhebung über die Fortpflanzung der etwa 22000 thüringischen Bauern" mit einem Kredit von 3000,- RM unterstützt,
für Erhebungen zur unterschiedlichen Fortpflanzung von Thüringer Handwerksmeistern beantragte man bei der DFG ebenfalls 3000 RM,
es kam zu einer Fortsetzung der Untersuchungen zur Erblichkeit der mongoloiden Idiotie bzw. zu einer Fortführung der Untersuchungen über die algebraischen Grundlagen der Chromosomentheorie (hyperkomplexes Wahrscheinlichkeitssystem) sowie der bevölkerungspolitischen Vorausberechnung der Verteilung gesunder und kranker Erbanlagen in Generationsfolgen unter Berücksichtigung von Gattenwahl, Sterilisation und sonstiger Auslese bzw. zur
Vergabe von Arbeiten über den Erbspielraum (die Variationsbreite) einzelner rassischer Formmerkmale und ihre Vererbung in den Sippschaften bestimmter Ausgangspersonen mit Hilfe der Methode der bebilderten Sippschaftstafel.[74]

Astel und sein Landesamt entwickelten für ihre wissenschaftliche Arbeit, Legitimierung und Bestandsaufnahme schon frühzeitig eine eigene Methode als Beweisgrundlage für die Rechtfertigung rassenhygienischer Maßnahmen im Gau. Es handelt sich hier um die Sippschaftstafel nach Karl Astel. Für jede einzelne Person wurden erfasst: Vor- und Zuname; genaue Standes- bzw. Tätigkeitsbezeichnung; aktu-

---

73 UAJ, Best. C, BA; Astel in einem Brief an die DFG vom 22. Januar 1937.
74 Ebd., Brief vom 1. Juli 1937 an die DFG i. V. von Stengel von Rutkowski.

Fragebogen
zur Sippschaftstafel nach Karl Astel.

Es wird um genaue und deutliche Ausfüllung gebeten.
Bei veränderlichen Angaben gilt der Tag der Eintragung.

Der gewissenhaft und vollständig ausgefüllte Fragebogen ist ein Baustein zur Sippschaftstafel nach Karl Astel. Eine solche Sippschaftstafel kann jeder ohne besondere Vorkenntnisse an Hand des Musters und der Anleitung mit Hilfe eines Vordruckes anlegen. Er gewinnt daraus wertvollen Aufschluß über sein Wesen, seine wahrscheinliche erbliche Beschaffenheit und seine mutmaßliche Zukunft.

1. **Familienname** (bei Frauen auch Geburtsname) ....

   Vornamen (Rufname unterstreichen) ....

   Wohnort (Kreis, Land, Straße, Hausnummer, genaue Postanschrift) ....

2. **Stand** bezw. Beruf und Tätigkeit, Titel, bei Bauern Größe des Hofes ....

   Staatsangehörigkeit bei nicht Reichsdeutschen .... **Ursprüngl. Glaubensbekenntnis** ....

3. **Geburtstag** (Monat, Jahr) .... **Geburtsort** (Kreis, Land) ....

   Jetziges Lebensalter: .... **Jahre**

4. **Sterbetag** (Monat, Jahr) .... **Sterbeort** (Kreis, Land) ....

   Erreichtes Lebensalter: .... **Jahre**

   Todesursache (vorausgegangene Krankheit, letzter Krankheitsbefund) ....

5. **Körperbau** .... **Gewicht** .... kg

   Körpergröße .... cm **Augenfarbe** .... **Haarfarbe** ....

   sonstige Körpermerkmale ....

Auf gewissenhafte Ausfüllung von Absatz 6 auf umstehender Seite ist besonderer Wert zu legen.

Nachdruck verboten! J. F. Lehmanns Verlag, München-Berlin

elles bzw. erreichtes Lebensalter; Todesursache; Körperbau; Gesundheitsverhältnisse (Astel 1933). Die Studierenden sollten zu menschlichen „Züchtern" ausgebildet werden. Das heißt auch, zu Tätern bei der Ausgrenzung, Vernichtung von allem „Minderwertigen". Man findet ein breites Angebot an Lehrthemen: z.b. Wintersemester 1934/35: Wesen, Mittel und Wege menschlicher Züchtung; Sommersemester 1936: Rassen und Rassenmischung in Deutschland, Seminar „Das Judentum": rassisch, kulturell, politisch; Sommersemester 1937: Allgemeine Rassenhygiene und biologische Bevölkerungslehre, Die erb- und rassenbiologische Staatsgesetzgebung; Wintersemester 1937/38: Allgemeine menschliche Erblehre, Die Erbkrankheiten, ihre Ermittlung und Bekämpfung durch eine züchterische Familienkunde; Wintersemester 1941/42: Vererbungslehre und Rassenkunde, Rassenhygiene. Im Vorlesungsverzeichnis – Kapitel Medizinische Fakultät – stand Astel nach seiner Rektorwahl immer an erster Stelle.[75] Zum Berufsbild liest man im *Jenaer Studentenhandbuch von 1937/38*: „Als Berufsstellung käme dann der Amtsarzt in den staatlichen Gesundheitsämtern, der Dozent für Rassenhygiene oder Rassenkunde oder menschliche Erblichkeitslehre – Gebiete, die fließend ineinander übergehen und sich weitgehend überschneiden – der erbbiologisch interessierte Kliniker oder praktische Arzt, bei entsprechender politischer Voraussetzung eine Stellung in einem der Rassenpolitischen Gauämter, dem Rasse- und Siedlungs-Hauptamt SS, im Stabsamt des Reichsbauernführers usw. in Frage" (Hellwig 1937/38: 37).

---

75 UAJ, Best. BA, Nr. 2029, Bl. 79. Diese Reihenfolge sollte nicht nur bei akademischen Feiern zur Anwendung gelangen, sondern auch im Vorlesungs- und Personalverzeichnis Platz ergreifen.

Studierende	SS 1939	Herbst 1939	1. Trimester 1940	2. Trimester 1940
Allgemeine Medizin	439	2134	947	462
Naturwissenschaften	102	203	175	162
Gesamt	1204	3207	1852	1257

Übersicht über die Anzahl der Studierenden der Fachbereiche Medizin und Naturwissenschaften zur Gesamtzahl Studierender im Zeitraum von 1939 bis 1940 (UAJ, Best. BA, Nr. 2029, Bl. 87).

In den Titeln der Dissertationen finden sich ebenso die oben erwähnten und bearbeiteten Projekte teilweise wieder: so z.B. bei Schröder, H.: Die Sippschaft der Mongoloiden Idiotie (1936). Preisarbeit der Medizinischen Fakultät der Universität Jena 1935/36; Jancke, U.: Die unterschiedliche Fruchtbarkeit in den einzelnen Jenaer Bevölkerungsschichten (1936); Krebs, H.: Untersuchungen zur Vererbung der Lippen-Kiefer-Gaumenspalte in 143 Sippschaften (1938); Stengel von Rutkowski, L.: Die Fortpflanzung der thüringischen Bauern (1938) und Schweizer, W.: Über die Vererbung der Stillfähigkeit (1940, 64 S.). An Habilitationen konnte nur eine nachgewiesen werden; L. Stengel von Rutkowski habilitierte sich 1940 unter Astel und Heberer mit der Schrift *Was ist ein Volk? Der biologische Volksbegriff, eine kulturbiologische Untersuchung seiner Definition und seiner Bedeutung für Wissenschaft, Weltanschauung und Politik.*

Astels Interesse galt vorwiegend der Vernetzung der Medizin mit den Biowissenschaften. Im Jahre 1941 äußerte er in einem Interview in der *Brüsseler Zeitung*: „Mehr und mehr bekommt die Universität Jena ihr kennzeichnendes eigenes Gesicht: Ausrichtung und Festigung der Naturwissenschaft und einer sorgfältig naturgesetzlich und verantwortungsvoll arbeitenden Medizin als Fundament des deutschen Lebens und Neuaufbau aller Kulturwissenschaft auf der klaren und folgerichtigen Erkenntnis der biologisch naturwissenschaftlichen Grundlagen alles Lebendigen einschliesslich des menschlichen Geistes und seiner Betätigungsfelder."[76] Trotz begrenzter (internationaler) wissenschaftlicher Erfolge und Anerkennung nahm Astel an zahlreichen internationalen (eugenischen) Kongressen teil. So hält er 1941 bei der Amtseinführung von SA-Oberführer Karl Thums als Direktor des Instituts für Erb- und Rassenhygiene in Prag den Festvortrag über die volks- und rassenpolitische Bilanz der Staatsführung Adolf Hitlers. Er trat aber auch als Redner des NSLB sowie des Zentralinstitutes für Erziehung und Unterricht auf, so z.b. im Jahre 1934 mit einem Vortrag über „Rasse und Volkstum" auf der Cyriaksburg in Erfurt anlässlich eines volkskundlichen Schulungslagers. Der Anthropologe des Instituts Reimer Schulz (gest. 1941) hatte zudem 1937 im Auftrag Astels an einer deutsch-italienischen Fahrt in die nordalbanischen Alpen teilgenommen. Während eines längeren Aufenthalts in Theth (Dukagjin) untersuchte er u.a. Körperformen und physiognomische Merkmale der einheimischen Bevölkerung (Grimm 1943/44).

Am 26. April 1939 wurde anlässlich der Gaukulturwoche Thüringen, in Zusammenarbeit mit dem Gauschulungsamt, dem NSDD und dem Rassenpolitischen Amt, ein „Tag der Wissenschaft in Erfurt" durchgeführt.[77] Themen und Vorträge zeigen, wie nahtlos sich die Professoren in die NS-Ideologie einfügten. Zahlreiche Wissenschaftler der Salana beteiligten sich mit Vorträgen in der alten Aula der Erfurter Universität, so G. Heberer „Der Aufbau der Erbmasse (Fortschritte der Chromosomenforschung)", R.v.Volkmann „Das menschliche Gehirn als Ende der Entwicklungsreihe", K. Astel „Eig-

---

[76] UAJ, Best. BA, Nr. 2029, Bl. 72; Zitat aus der Brüsseler Zeitung vom 13. März 1941.

[77] Vgl. dazu auch die „Salzburger Wissenschaftswochen", veranstaltet vom REM sowie der Forschungs- und Lehrgemeinschaft „Das Ahnenerbe" (28. August bis 2. September 1939).

nungsauslese und Züchtungsauslese in der Natur und beim Menschen", L. Stengel von Rutkowski „Das Volk, eine biologische Schicksalsgemeinschaft" und J. v. Leers „Das deutsche Handwerk im Kampf mit dem Judentum". Ein Blick in die Referentenliste zeigt auch hier, dass die gesamte „rassische Front" Jenas in Erfurt versammelt war. Der Rezensent betonte daher in seiner Kurznotiz im *Biologen*: „Der Tagungsort Erfurt war gewählt worden, um die Verbundenheit mit der Wirkungsstätte Meister Eckhardts zum Ausdruck zu bringen [...] gestellte Aufgabe, einmal durch einen Querschnitt durch unser wissenschaftliches Weltbild die Bedeutung der deutschen Wissenschaft im Daseinskampf des Volkes aufzuzeigen und andererseits alle Forschungsgebiete der Universität im Sinne der nationalsozialistischen Erneuerung der Wissenschaft biologisch-lebensgesetzlich zu fundieren, war vollauf geglückt [...] Die Kette der einzelnen Vorträge wirkte wie aus einem Guß. Der Primat, den heute die Biologie als Grundwissenschaft auch der Kultur- und Ordnungswissenschaften beansprucht, hat sich in der Praxis als voll berechtigt und überaus fruchtbar erwiesen".[78]

Erblehre und biologische Statistik

Für dieses Fachgebiet zeichnete an der Universität ab 1940 die Biometrikerin und Astel-Mitarbeiterin Erna Weber verantwortlich. Bereits am 22. Februar 1940 hatte Astel in einem Schreiben an den Thüringischen Minister für Volksbildung über die Bedeutung derartiger Forschungen bemerkt und ein Plädoyer für mathematisch-statistische Methoden gehalten: „So macht man bis zur Stunde nur zu häufig die Erfahrung, dass infolge Unwissenheit und Kritiklosigkeit gegenüber

---

78 „Biologische Veranstaltungen", in: Der Biologe 8 (1939), S. 348-349; Hervorh. im Orig., vermutlich war auch hier Stengel von Rutkowski der Verfasser vorliegender Zeilen.

zahlenmäßigen Ergebnissen verschiedenster Untersuchungen trotz nutzversprechender Themenstellung und an sich ausreichenden Ausgangsmaterials die Ergebnisse solcher Arbeiten in ihrem wissenschaftlichen Wert herabgesetzt oder unbrauchbar waren."[79]
Weber veröffentlichte mehrere Bücher wie die *Einführung in die Variations- und Erblichkeits-Statistik* (1935) sowie mit Karl Astel *Die unterschiedliche Fortpflanzung. Untersuchung über die Fortpflanzung von 12000 Beamten und Angestellten der Thüringischen Staatsregierung* (1939a), *Die unterschiedliche Fortpflanzung. Untersuchung über die Fortpflanzung von 14000 Handwerksmeistern und selbständigen Handwerkern Mittelthüringens* (1939b) und *Die Kinderzahl der 29000 politischen Leiter des Gaues Thüringen der NSDAP und die Ursachen der ermittelten Fortpflanzungshäufigkeit* (1943; Untertitelvermerk: Nur für den Dienstgebrauch). Durch ihre langjährige praktische Tätigkeit als Statistikerin am Kaiser-Wilhelm-Institut für Anthropologie und menschliche Erblehre in Berlin-Dahlem sah sie bereits 1935 die Notwendigkeit einer Veröffentlichung für Anthropologen, Konstitutionsforscher, Biologen und Vererbungsforscher gegeben, die den „Zusammenhang zwischen biologischen Tatsachen und der mathematischen Erfassung vermitteln" sollte (Weber 1935: 4). Das Buch von 1935 enthält keinerlei nationalsozialistisches Gedankengut.

Anders verhält es sich mit den Büchern, die Weber mit ihrem Vorgesetzten Astel 1939 und 1943 verfasste. Hier bezieht sie in ihren Ausführungen eindeutig zum rassenhygienischen Gedankengut des Dritten Reiches Position, gibt wertende Urteile ganz im Sinne der vom Landesamt für Rassewesen (Weimar) und dem dazugehörigen Universitätsinstitut betriebenen Forschungen. Für die Zukunft wagten Astel und Weber sogar die Prognose, dass der „Kampf des deutschen

---

79 ThHStAW, PA E. Weber, Nr. 907, Brief vom 22. Februar 1940.

Politische Biologie

Schriften für naturgesetzliche Politik und Wissenschaft

Herausgegeben von Staatsminister a. D., Präsident des Rechnungshofes des Deutschen Reiches Dr. Heinz Müller

Heft 9

Professor Dr. Karl Astel und Dr. Erna Weber

Die unterschiedliche Fortpflanzung

Untersuchung über die Fortpflanzung von
12000 Beamten und Angestellten
der Thüringischen Staatsverwaltung

Mit 23 Abbildungen

J. F. Lehmanns Verlag / München-Berlin

Titelblatt, 1939

Volkes um seine Lebensrechte, seine Erhaltung und Höherentwicklung" niemals aufhören werde.[80] Im Jahre 1943 sah sich Sauckel sogar veranlasst - für die letzte und zugleich nur für den Dienstgebrauch zugelassene Studie über die „politischen Leiter" - ein umfassendes Geleitwort zu verfassen und nochmals aus seiner Sicht die nationale Bedeutung solcher Arbeiten hervorzuheben: „wie immer wieder mit größter Dankbarkeit betont werden muß, wurde allein durch die Genialität des Führers und das aus ihr kommende Vertrauen des Volkes zu ihm dieser Sturz in eine Periode des Sterbens unseres Volkes aufgehalten [...] Wann könnte je ein Reich fanatischer verteidigt, wann je die Liebe zu Führer und Volk inniger sein als jetzt im Zeitalter Adolf Hitlers? [...] zu begrüßen, daß die Elite des Führers, die 29.000 politischen Leiter meines Gaues im Hinblick auf ihre Kinderzahl [...] durchforscht sind" (Astel & Weber 1943: 3-6).

Das Buch wurde mit einem Zitat beendet, das die ganze Brisanz dieser auch wissenschaftspolitischen Publikation nochmals verdeutlicht: „Es ist aber unser fester Glaube, daß der Führer Adolf Hitler die Rasse zu gegebener Zeit ebenso vor ihrem unblutigen Untergang retten wird, wie er sie jetzt vor den Folterstätten und Schlachthäusern des waffenstarrenden Juden und seiner empörenden Despektierung der Menschenwürde bewahrt" (ebd.: 184).

In einem durch Weber während ihrer Entnazifizierung ausgefüllten Fragebogen der „Military Government in Germany" liest man zu diesen Publikationen: „Ich habe nur wissenschaftliche Arbeiten, vorzugsweise statistische Arbeiten verfasst [...] Auch die mit Astel gemeinsam veröffentlichten Arbeiten sind wissenschaftliche Untersuchungen, da sie jedoch die Bevölkerungspolitik und Rassenhygiene zum Gegenstand haben, sollen sie hier besonders erwähnt werden [...] Zu die-

---

80 Hier gab es aber zeitgleich ähnliche (statistische) Untersuchungen in anderen Landesteilen des Dritten Reiches wie bspw. von Otto Hubele: Familienbiologische Untersuchungen in der Nordmark. Verlag von S. Hirzel, Leipzig etc.

sen Arbeiten habe ich die gesamte Statistik durchgeführt und bin für deren Richtigkeit verantwortlich [...] Von Astel stammen stets Vorwort, Schlussbetrachtung und die rassenhygienischen Vorschläge. Sinn der Arbeiten war es, die Kinderzahl in den verschiedensten Berufsgruppen zu ermitteln, mit dem Ziel, Massnahmen (wie z.b. Kinderbeihilfen, Abkürzung der Ausbildungszeiten zum Zwecke der Frühehe usw.) zu treffen, um die Kinderzahl in den erblich gut beschaffenen Familien zu fördern."[81]

Im Jahre 1941 veröffentlichte Weber noch einen Aufsatz über „Die rassenhygienischen Gesetze und Maßnahmen in Deutschland" (1941) und schlug darin entschiedene NS-Töne an: „Ziel der rassenhygienischen Maßnahmen ist [...] daß sich die Tüchtigsten zahlreich fortpflanzen [...] Untüchtigen von der Fortpflanzung ausgeschaltet werden [...] Die leichter Schwachsinnigen [...] für die Erbmasse des Volkes weit gefährlicher [seien] als die Vollidioten" usw. (ebd.: 96 f.). Unrühmlicher Höhepunkt, womit sich Weber als Wissenschaftlerin disqualifizierte, sind ihre antisemitischen Aussagen: „ [...] stellen doch die Juden nachweislich die mit den meisten Erbdefekten behaftete Volksgruppe dar [...] Welch schweres Leid die Juden über die Menschheit schon gebracht haben, erleben wir ja bis in diese Tage" (ebd.: 98). Damit distanzierte sie sich in keiner Weise von der Rassenpolitik, dem Antisemitismus und den rassenhygienisch inhumanen Maßnahmen des NS - wie in ihrem Entnazifizierungsverfahren betont. Gesamtziel der rassenhygienischen Maßnahmen sei daher, so liest man im Tenor der thüringischen Rassenforschung, die „Herbeiführung unterschiedlicher Fortpflanzung der Volksgenossen aller Berufe und Stände [wie Bauern, Handwerker, Beamte, politische Leiter]" zu untersuchen (ebd.: 100).

---

81 ThHStAW, PA Erna Weber, Nr. 32969, Best. Volksbildung.

Rassenpolitik, Rassenphilosophie und Kulturbiologie

Ein Rassenpolitiker und Pseudo-Philosoph von ganz besonderer politischer Couleur, der zu den charismatischsten Protagonisten einer „Deutschen Biologie" und „Deutschen Philosophie" an der Universität Jena gehörte, war der Mediziner Lothar Stengel von Rutkowski (StvR). Wie kein anderer beeinflusste er mit seinen teilweise radikalen „pseudo-biophilosophischen" und rassentheoretischen Ansichten, durch umfangreiche Schulungs- und publizistische Tätigkeit große Teile seiner Kollegen und der thüringischen Bevölkerung, wie z.b. mit dem „Dauer"vortrag „Der Weg zur lebensgesetzlichen Schule"; gehalten im Auftrag des Thüringer Landesamtes für Rassewesen zum Biologenkurs in Bad Berka am 8. März 1935, beweist (StvR 1935a: 163). Er war stets darum bemüht, eine 'Kulturbiologie' bzw. 'völkische Philosophie' zu kreieren und diese mit den Zielen und Lehren der NS-Wissenschaft und NS-Ideologie vollständig in Einklang zu bringen.

Die größte Zahl seiner wissenschaftlichen Arbeiten zwischen 1933 und 1945 hatten die Theorie und Praxis des Rassegedankens zum Gegenstand. Seit etwa 1933/34 propagierte er die Rasse „als Prinzip und Tatsache", da von dieser Einstellung und Sichtweise das „Schicksal des ganzen nordischen Abendlandes" abhängen sollte (StvR 1933: 90). Als Adorant Astels sorgte er so in Thüringen für eine publikumswirksame Veranschaulichung der Erbbestandsaufnahme mittels der von Astel konzipierten Methode der Sippschaftstafel: „Vor allem aber ist die Sippschaftstafel der Schlüssel zur erbbiologischen Bestandsaufnahme unseres Volkes, die ihrerseits wiederum die Grundlage zu jeder wirksamen praktischen Politik auf dem Gebiete des gesamten Rassewesens bildet. Die Methode [...] ist so einfach, daß sie jeder deutsche Volksgenosse für sich aufstellen kann. [...] Die Lebensnotwendigkeit unseres Volkes fordert den Weg von der historischen Genealogie zur züchterischen Familienkunde" (StvR 1935b: 49).

In seinen Aufsätzen von 1940 und 1941 zur „Willensfreiheit vom Standpunkt der Kulturbiologie"[82] in der Zeitschrift *Der Biologe* spiegelt sich dieser Standpunkt deutlich wider: „Obwohl der Erbkranke gar nichts 'dafür kann', daß er abnorm ist, machen wir ihn für den Schaden, der der Volksordnung aus seinen kranken Anlagen entstehen könnte, insofern 'haftbar', als wir ihm das 'Recht' auf Fortpflanzung absprechen" (StvR 1941: 73) Weiter präzisiert liest man: „Es kommt nicht in erster Linie darauf an, ob ich einen Verbrecher für sein Verhalten, das die gesunde Ordnung des Volkes schädigt, verantwortlich mache, sondern vielmehr darauf, ob es mir gelingt, ihn sowohl für die Erbwelt als auch die Umwelt unseres Volkes unschädlich zu machen" (StvR 1940: 221).

StvR sah sich und seine Kollegen auf dem richtigen Weg: „Je mehr durch das Wissen rassenhygienisch denkender Politiker, Wissenschaftler und Künstler der Wert der Rasse in den Mittelpunkt des Bewußtseins rückt, um so häufiger werden die Bestbeschaffenen zur Durchsetzung ihres Lebenswillens und ihrer Zukunftspläne ihre eigene, zahlreiche und mit ebenbürtigen Ehegatten gezeugte Nachkommenschaft als Faktor des angestrebten Erfolges in Rechnung setzen und dementsprechend handeln" (ebd.: 220).

StvR wollte in Jena „eine Brücke zum Verständnis zwischen Erbbiologie und den Kulturwissenschaften bilden" und lehnte sich eng an namhafte NS- und SS-„Führergrößen" an. Dabei sollte die eigene Karriere aber nicht vergessen werden. Sauckel schlug ihn zudem im Alter von 28 Jahren in mehreren Schreiben[83] zum Regierungsrat vor und konnte dafür Gutachten von Heinrich Himmler, Alfred Rosenberg, Walther Darré

---

82 Diese Aufsätze lieferten die Grundlage für Stengels Vortrag (gleicher Titel) zum Erhalt der Lehrbefugnis für das Fach „Rassenhygiene, Kulturbiologie und rassenhygienische Philosophie" am 27. Februar 1940 (vgl. ThHStAW, Best. C 294, Mitteilung des Dekans Hämel vom 22. Februar 1940).
83 ThHStAW, PA Stengel von Rutkowski, Nr. 11922, Brief von Sauckel an den Reichsminister vom 6. April 1937.

beibringen. In den Werken Stengels überwiegt eine deutschnationalistische „völkische" Sichtweise und der radikale Glaube, mittels Forschungen die Rassenkunde, Rassenhygiene und insbesondere Rassenphilosophie, den Nationalsozialismus plausibler darzustellen und zu rechtfertigen.

Exkurs I: Rasse und Kunst

Das zentrale Werk Günthers über die *Rassenkunde des deutschen Volkes* (1922) hatte auch auf einen seiner besten Freunde, den völkischen Architekten Paul Schultze-Naumburg aus Saaleck, großen Einfluss ausgeübt (Schultze-Naumburg 1941). Daneben steht auch dessen frühzeitiges Engagement für eine nationale Kunstpflege, als er über mehrere Jahre bei der Redigierung der Zeitschrift des Dürerbundes *Der Kunstwart*, die Rubrik „Kulturarbeiten" leitete; später dann u.a. sogar im Führer-Rat des nationalsozialistischen „Kampfbundes für deutsche Kultur" (1927) tätig war (Groschopp 1997). Nach der Lektüre von Günthers *Rassenkunde* erwachte in Schultze-Naumburg der Wunsch, diesen näher kennen zu lernen. Sein Wunsch erfüllte sich sehr schnell, „die erste Begegnung schloß mit einer Freundschaft [...] die sich auch ständig vertieft hat. Kaum je bin ich [Schultze-Naumburg] mit einem Manne in solch lebhafte geistige Wechselbeziehung getreten, die sich keineswegs auf Fachgebiet begrenzte. Ich [Schultze-Naumburg] hatte das Glück, Günther oft und manchmal lange Zeit als meinen Gast zu sehen, besonders in den Zeiten, als seine Familie noch in Norwegen und später in Schweden saß, und wir alles taten, ihn uns nach Deutschland herüber zu ziehen. Er war fast ein Sohn des Hauses geworden, auf dessen Wiederkehr sich alle freuten" (Schultze-Naumburg 1941: 21). Günther war damals jedes Jahr auf der Hin- und Rückreise von/nach München (Lehmann Verlag) in Saaleck abgestiegen und hatte dort so im Laufe der Zeit u.a. Baldur von Schirach, Richard Walter Darré sowie Wilhelm Frick kennengelernt (Günther 1969: 15–16). Das überlieferte Gästebuch von Schultze-Naumburg verzeichnet gut zwei Dutzend Einträge für den Zeitraum vom 20. April 1925 bis 1. Mai 1932 (anlässlich der Tagung des Nordischen Ringes) von Günther, daneben aber auch solche wie von Rudolf Heß, Hitler, Himmler, Rosenberg u.a.[84]

Im gleichen Jahr, wo der „Volks-Günther" (die „Taschenbuchausgabe" der *Rassenkunde*) erschienen war, hatte auch Schultze-Naumburg sein Buch *Kunst und Rasse* vorgelegt. Es stellt den makabren Versuch dar, Kunstwissenschaft mit den damaligen rassenkundlichen und rassenhygienischen Forderungen in Einklang zu bringen. Ziel des Buches war nicht eine Rassenkunde zu bringen (Schultze-Naumburg 1928: 9, Fn. 1), sondern „die Physiognomie unseres Landes, wie sie in den Bauwerken und den übrigen Gestaltungen des Menschen sichtbar wird, auf den ihr innewohnenden Ausdruck zu untersuchen und aus dem Vergleich mit den Werken anderer Epochen Rückschlüsse auf die Bevölkerung und ihre geistige und körperliche Zusammensetzung zu ziehen" (ebd.: 106). Die Abbildungen des Buches stammten z.T. aus der Psychiatrischen Klinik Hamburg (Weygandt) und waren zudem häufig flankiert von Begriffen wie „echte Negerkunst" (ebd.: 101), „Blutmischung" (ebd.) etc. Als Ausblick seiner Studie gab Schultze-Naumburg schließlich noch zu bedenken: „Was uns heute an Kunst umgibt, setzt nicht allein eine quälend häßliche Umwelt voraus, eine viel entsetzlichere, als wirklich vorhanden ist, sondern sie zeigt uns auch allzu vorlaut die Sehnsucht des Untermenschen, dem in seiner schmierigen Welt mit Fratzen und verbogenen Leibern wohl zu sein scheint" (ebd.: 142). Günthers Buch *Rasse und Stil* empfahl der Lehmann-Verlag später als „gegebene Ergänzung zu Schultze-Naumburg: *Kunst und Rasse*".

---

84 Im Besitz der Saalecker Werkstätten.

Als das Attentat auf Günther publik wurde, sprach Paul Schultze-Naumburg 1941 sogar davon, daß „Deutschland [am 9. Mai 1931] vor einem ungeheuren Verluste bewahrt worden" sei, indem das Attentat scheiterte. Er vertrat die Ansicht, dass es die Juden gewesen seien, die damals die größten Motive für diese Tat gehabt hätten und „die sehr früh begriffen, daß es ihr Ende bedeuten müsse, wenn der Rassegedanke weiter um sich [greife]. Und so wurde denn auch der Mörder vorgeschickt, der den gefährlichen Mann beseitigen sollte. [...] Die Gerichtsverhandlung konnte die Hintermänner nicht feststellen, nur ergab sich einwandfrei, daß die Tat nicht allein dem Gehirn des Attentäters entsprungen war" (Schultze-Naumburg 1941: 22). In den letzten Kriegstagen hatte Günther dann Zuflucht bei seinem Freund in Weimar gefunden. Kurze Zeit später flüchtete Günther aber wieder ins Badische, um den heranrückenden Russen zu entkommen. Kurz darauf wurde er in Freiburg von der französischen Besatzungsmacht verhaftet (August 1945) und interniert.

Exkurs II: Rassekurs in Egendorf

Eine andere wichtige Ebene der Institutionalisierung der Rassenkunde und Rassenhygiene in Thüringen (und im Dritten Reich) war der Bereich der Aus- und Fortbildung sowie Schulung vor allem von Juristen und Ärzten. So war eine rassenhygienische Fortbildung für alle Richter und Ärzte vorgeschrieben, die für die Erbgesundheitsgerichte tätig wurden (Harten et al. 2006: 41). Eine besondere, herausragende Rolle in der rassenhygienischen Fortbildung und Schulung nahm die „Staatsschule für Führertum und Politik" in Egendorf bei Weimar ein. Astel kommentierte ganz im NS-Jargon: „Heute ist Egendorf die Erziehungsstätte der hoffnungsvollen Auslese Thüringens. Gesunde, tüchtige, im Leben bewährte deutsche Männer und Frauen arischer Abstammung versammeln sich hier als nationalsozialistische Erziehungsgemeinschaft.

Rassekurs in Egendorf

Ein rassehygienischer Lehrgang des Thüringischen Landesamts für Rassewesen

BEARBEITET VON

Präsident Professor Dr. Karl Astel, Weimar / Direktor Dr. Friedrich Burgdörfer, Berlin / Oberarzt Dr. R. v. Gavel, Arnstadt / Amtsgerichtsrat Dr. R. Gebhardt, Arnstadt / Medizinalrat Dr. F. Jung, Stadtroda / Oberlandesgerichtsrat Dr. H. Lorey, Jena / Prof. Dr. Hans Luxenburger, München / Landesfinanzamtspräsident Dr. H. Müller, Köln / Dr. Alfred Ploetz, Herrsching / Dr. med. R. Sartorius, Arnstadt / Dr. Bruno Schulz, München / Professor Dr. O. Freiherr von Verschuer, Berlin

HERAUSGEGEBEN VON

Professor Dr. med. Karl Astel

Präsident des Thüringischen Landesamts für Rassewesen in Weimar Gauamtsleiter und Beauftragter des Rassenpolitischen Amtes der NSDAP bei der Gauleitung Thüringen

Mit 52 Abbildungen

J. F. Lehmanns Verlag, München 1935

Titelblatt

Egendorf ist Tausenden zum Erlebnis geworden, Egendorf ist Begriff in Thüringen und darüber hinaus" (Astel 1935: VI). Hier führte das Thüringische Landesamt für Rassewesen in großem Umfang Schulungskurse durch. Auch hinsichtlich der erbbiologischen Erfassung und Sippenforschung war die Schule methodischer Vorreiter. So lernten die Teilnehmer in den Egendorfer Kursen u.a. selbstständig Sippschafts- und Ahnentafeln zu erstellen: „Dabei stellt jeder Kursteilnehmer in einem Seminar seine eigene Sippschaftstafel und seine Ahnentafel auf". Bis Ende Dezember 1934 waren in 133 Kursen 9080 Teilnehmer „geschult" worden. Jeder, der in Thüringen etwas mit „Erbgesundheit" zu tun hatte, dürfte den Kurs besucht haben.

Exkurs III: Die NS-Lehrerzeitschrift „Der Biologe" (1930/31– 1944) aus Thüringer „Rasse"-Sicht

Aus der biowissenschaftlichen Zeitschriftenfülle der 1930er- und 1940er-Jahre in Deutschland ragt ein Zeitschriftenorgan besonders heraus. Es handelt es sich um die vom Tübinger Botaniker Ernst Lehmann seit 1931/32 herausgegebene (später von Walter Greite fortgeführte) nationalsozialistische Lehrer-Zeitschrift „Der Biologe". Als Verlagsort für die Zeitschrift wurde München mit dem dort ansässigen Verlag von Julius Friedrich Lehmann gewählt: „So war es ganz selbstverständlich, daß 'Der Biologe' als Organ [...] den Weg zum Verlag J. F. Lehmann fand. Als ich [E. Lehmann] 1931 den Plan zur Schaffung des Deutschen Biologen-Verbandes faßte, da konnte für mich kein Zweifel sein, daß ich mich zur Herausgabe unserer Zeitschrift an diesen 'deutschesten Verleger' wandte. Hier war ich sicher, auf weitgehendes Entgegenkommen für meine Sache rechnen zu können. Das Gebiet der Biologie gehört ja zu den stärksten Stützen des völkischen Gedankens und damit des völkischen Staates" (Lehmann 1934: 306). Dieser eingeschlagene Weg gipfelte schließlich im Anschluss des Deutschen Biologen-Verbandes „in Übereinstimmung mit dem Führer" an den Nationalsozialistischen Lehrerbund (NSLB) und erfuhr ab 1939 (8. Jahrgang) eine weitere Forcierung, als der „Deutsche Biologen-Verband" am 5. Mai 1939 in den „Reichsbund für Biologie" (RfB) umgewandelt und gleichzeitig dem „Ahnenerbe der SS" von Heinrich Himmler angegliedert wurde.

Als Herausgeber des Organs zeichnete ab 1939 hauptamtlich die Forschungs- und Lehrgemeinschaft „Das Ahnenerbe" verantwortlich, unter Mitarbeit von Karl Astel u.a. Damit waren der NSLB, der RfB und das Ahnenerbe im „Biologen" gleichgeschaltet (Greite 1939, Wüst 1939).

In den vorhergehenden Kapiteln konnte gezeigt werden, dass ein Thüringer Einfluss durch Uminterpretationen der Person Haeckels auf das rassenkundliche und rassenhygienische Gedankengut unverkennbar ist. Deshalb scheint auch die Redaktion des „Biologen" an seiner Person frühzeitiges Interesse gehabt zu haben, eben auch besonders hinsichtlich der Etablierung des Rassedenkens. Im Zeitraum von fünf Jahren (1934, 1939) erschienen so zu bestimmten Haeckel-Anlässen Sonderhefte, in denen die verschiedenen Facetten Haeckels – nun aus nationalsozialistischer Sicht – beleuchtet wurden. Als führend und richtungweisend erwiesen sich hierbei wieder die Jenaer Argumentationen.

Anlässlich des 100. Geburtstages von Haeckel erschien im Februar 1934 das Heft 2 der Zeitschrift als Sonderheft. Im Geleitwort von Haeckels Großneffen, Studienrat Dr. Werner Haeckel aus Osterode (Harz), wird deutlich, wie weit die wissenschaftsideologische Vereinnahmung des wissenschaftlichen Werkes von E. Haeckel bereits 1934 vorangeschritten war und auch von Familienmitgliedern getragen wurde: „Der 100. Geburtstag des großen Jenenser Naturforschers steht unter glücklichem Zeichen! Endlich sind die wesentlichsten Forderungen, die er stellte, erfüllt: Minderwertige zu beseitigen, mehr Wert zu legen auf den naturwissenschaftlichen Unterricht in der Schule, die Ergebnisse der Wissenschaft bis

DER BIOLOGE

Monatsschrift des Reichsbundes für Biologie und des Sachgebietes Biologie des NSLB.

Herausgegeben von der Forschungs- und Lehrgemeinschaft „Das Ahnenerbe",
unter Mitarbeit von:

Staatsrat Präs. Prof. Dr. Astel, als Leiter des Thüringischen Landesamtes für Rassewesen; Prof. Dr. Böhm als Leiter des Erbbiologischen Forschungsinstitutes an der Führerschule der Deutschen Ärzteschaft, Alt-Rhese; Dr. Dittrich, vom Hauptamt für Erzieher; Med.-Rat Dr. Ehlich als Mitarbeiter in der Reichsführung ᛋᛋ; Reg.-Rat Dr. W. Greite, als Leiter der Forschungsstätte für Biologie; Prof. Dr. Groß als Leiter des Rassenpolitischen Amtes der NSDAP.; Prof. Dr. Knoll, als Vors. des Vorstandes des Reichsbundes für Biologie; Dr. Kubach als Amtsleiter der Reichsstudentenführung; ᛋᛋ-Gruppenführer Pancke als Chef des R.-u. S.-Hauptamtes ᛋᛋ; Prof. Dr. Reche als Vorstandsmitglied des Reichsbundes für Biologie; Prof. Dr. Weber als Vorstandsmitglied des Reichsbundes für Biologie; Prof. Dr. Wüst als Kurator der Forschungs- und Lehrgemeinschaft „Das Ahnenerbe"; Geheimrat Prof. Dr. O. Appel, Berlin; Prof. Dr. M. Hartmann, Berlin; Präs. Dr. Fr. Reinöhl, Stuttgart; Prof. Dr. E. Rüdin, München;

ferner unter Mitwirkung von:

Prof. Dr. Zimmermann, Tübingen; Prof. Dr. Knoll, Wien; Prof. Dr. Weigelt, Halle; Prof. Dr. Koehler, Königsberg; Prof. Dr. Seidel, Berlin; Prof. Dr. Kühn, Berlin-Dahlem; Dr. Lorenz, Wien; Prof. Dr. Heberer, Jena; Prof. Dr. Reche, Leipzig; Minister Prof. Dr. Plattner, Wien; Prof. Grosser, Prag; Prof. Dr. Blunck, Berncastel-Cues; Prof. Dr. Eidmann, Hann.-Münden; Prof. Dr. Ruttner, Lunz; Dr. Pfleiderer, Kiel; Dr. Juiffs, Berlin; Prof. Dr. Butenandt, Berlin-Dahlem; Dr. Ringleb, Jena; Prof. Dr. Roßner, Hannover; Rektor Höft, Greifswald; Oberstud.-Dir. Dr. Zimmermann, Radebeul; Stud.-Rat Dr. Lips, Berlin; Med.-Rat Dr. Ehlich, Berlin; ORR. Dr. Ruttke, Berlin;

Schriftwalter: Reg.-Rat **Dr. W. Greite**,
Bundesleiter des Reichsbundes für Biologie, Leiter der Forschungsstätte für Biologie in der Forschungs- und Lehrgemeinschaft „Das Ahnenerbe".

8. Jahrgang ✶ 1939

EX LIBRIS
Abgegeben von G. Heberer

J. F. LEHMANNS VERLAG / MÜNCHEN-BERLIN

Titelblatt

in die unteren Führerschichten zu tragen. Ungefähr 40 Jahre nach der Aufstellung seiner Forderungen haben uns die Führer des Dritten Reiches sie in besserem Sinne verwirklichen können, als es ihm vorschwebte" (W. Haeckel 1934: 33). Haeckels Großneffe konkretisierte noch seine Aussagen: „Er [Ernst Haeckel] forderte Vernichtung der erblich Belasteten – heute verhindert das Sterilisierungsgesetz die Zeugung solcher Menschen. Die Abschaffung der Todesstrafe bezeichnet er als eine falsche 'liberale Maßnahme' und ihre Anwendung als eine wohltätige Förderung der künstlichen Züchtung – heute wird sie in erhöhtem Maße zur Beseitigung asozialer Wesen vollstreckt" (ebd.). Wilhelm Bölsche, langjähriger Freund und Popularisator haeckelschen Gedankengutes, beschrieb in seinem sehr persönlich gehaltenen Beitrag „Haeckel als Erlebnis" und skizzierte ihn darin ganz im Sinne arischer Rassenkultur: „den herrlichen deutschen Rassemenschen [...] der er war und den ich äußerlich nie wieder so gesehen habe, in dieser Schönheit und Reinheit einer Rasse, die man schon als solche in ihm lieben mußte" (Bölsche 1934: 36). An anderer Stelle notierte er: „Eine riesige Gestalt, alter Preisturner, auch physisch stets bereit, sich gegen eine solche ganze Versammlung als Held zu wehren [...] Die früh versilberten Haare wie eine wilde Wikingerkrone, die Blauaugen in der Erregung wirklich königlich niederblitzend [...] Sein burschikoses Lachen des ewigen Studenten, der nicht trank [...] Eine gewisse Entzauberung dann allerdings, wenn er sprach, – mit der hohen hellen Kinderstimme im unverfälschten Thüringisch" (ebd.) usw.

Fünf Jahre nach dem Erscheinen des ersten Sonderheftes finden sich wiederum in der Zeitschrift drei Jenaer Beiträge, die Leben und Werk Haeckels zum Gegenstand hatten (Doppelheft 7/8). Es war dabei wohl nicht gerade Zufall, dass es sich um das erste Heft unter der Herausgeberschaft des am 5. Mai 1939 neu gegründeten Reichsbundes für Biologie handelte, der damit erstmals in dieser Form an die Öffentlichkeit trat (Greite 1939: 233). Auch, wenn Haeckel im neuen

Zeitschriftenprogramm des „Biologen" nicht ausdrücklich genannt wird, lehnte man sich ideell doch wieder sehr stark mit den formulierten Aufgaben des Reichsbundes an dessen Gedankengut, das nach Greite primär für eine Verbindung von Evolutionsbiologie und Anthropologie stand, an: „ich erinnere [...] auch an das große Interesse, das der Reichsführer SS der biologischen Forschung durch praktische Unterstützung der verschiedensten Wissenschaften durch die Tat bewiesen hat, und an Reichsstatthalter Gauleiter Sauckel in Weimar und seinen Staatsrat Prof. Astel, der die Biologie in Forschung und Lehre stärkstens fördert (ebd.: 235). Nach den Ausführungen von Walter Wüst über „Die Arbeit des Ahnenerbes" (1939) und von Hermann Weber über den „Umweltbegriff der Biologie und seine Anwendung" (1939) folgten schließlich die Haeckel-Beiträge von: Franz, Victor: Jenas Ernst-Haeckel-Haus und seine Aufgaben; Heberer, Gerhard: Die gegenwärtigen Vorstellungen über den Stammbaum der Tiere und die „Systematische Phylogenie" E. Haeckels sowie Zündorf, Werner: Ernst Haeckels Stammbaum der Pflanzen.

Insbesondere zum Ende der 1930er-Jahre, als das „SS-Ahnenerbe" primär den Vorsitz im Editorial Board mit übernommen hatte, wurde der anfangs eingeschlagene Publikationsweg verlassen. Der frühere Schriftleiter Lehmann hatte es allerdings bis dahin verstanden, in seiner Kreierung einer *Deutschen Biologie* den Namen Haeckel nicht zu gebrauchen. Das änderte sich schließlich, als Karl Astel und Gerhard Heberer im *Biologen* mitzuarbeiten begannen und sich zudem ab 1938/39 nach der Gleichschaltung mit der SS das Profil der Zeitschrift änderte. Das zweite Haeckel-Sonderheft steht in dieser neuen Tradition und führte die bereits 1934 begonnene weiter fort.

Ue 37

Als Manuskript vervielfältigt

Für alle Bühnen und Vereine ist das Aufführungsrecht
ausschließlich zu erwerben durch den

Bühnenverlag Ahn & Simrock G. m. b. H.
Berlin W 50, Kurfürstendamm 231

Postscheckkonto: Berlin 11143
Telegr.-Adr.: Ahnverlag Berlin   Telefon: J 1 Bismarck 2462

Erbstrom

Schauspiel in drei Akten

von

Konrad Dürre

Bühnenbearbeitung Anthes Kiendl

Bühnenverlag Ahn & Simrock G. m. b. H., Berlin
Copright 1933 by Bühnenverlag Ahn & Simrock G. m. b. H., Berlin

Titelblatt

Finanzen – Regionale und nationale Netzwerke der Kooperation

All diese Aktivitäten, die vielen neuen Beschäftigten etc. mussten finanziert werden. Entsprechend groß war der Finanzhunger der Akteure. Im Jahre 1936 waren alleine im Weimarer Landesamt drei Beamte, 10 Angestellte und in der Jenaer Außenstelle fünf Personen, davon drei Assistenten, tätig; 1938 waren es in beiden Orten bereits 33 und 1942 52 Bedienstete. Zudem durften Medizinalpraktikanten für die Dauer von drei Monaten aufgenommen werden.[85] Der Gesamthaushalt belief sich 1934/35 auf 138000 RM, 1936 auf 110.630 RM, 1942 betrug dieser schon 256.000 RM: Das bedeutet, daß das Landesamt für jeden der 1939 gezählten 1744323 Einwohner des Landes Thüringen knapp 15 Pfennige jährlich erhielt. Astel [...] konnte seinen Haushalt zwischen 1936 und 1942 mehr als verdoppeln.[86]

Die seit der Jahrhundertwende vorhandenen, traditionell engen Beziehungen der Universität zu Betrieben wie Zeiss und Schott, zur Notgemeinschaft der deutschen Wissenschaften (später Deutschen Forschungsgemeinschaft - DFG) wurden intensiviert und zahlreiche Mittel eingeworben. So floss Geld vornehmlich in die Bereiche Chemie und Physik. Astel hatte zudem bereits 1938 angemerkt, die Rassenhygiene müsse zukünftig am Ausbildungsstandort Jena „durch eine umfassende naturwissenschaftliche und naturgesetz-

---

85 ThHStAW, C 294, Bd. 1, Nr. 99, Schreiben des Reichsministers des Innern an das THVBM vom 6. November 1934.
86 Ebd., Schreiben an das Thüringer Kreisamt, Bauverwaltung vom 28. September 1934.

liche Fundierung auf allen anderen wichtigen Gebieten der Wissenschaft ergänzt werden."[87]

In der Tat konnte sich die Universität Jena im zweiten Viertel des 20. Jahrhunderts unter allen deutschen Universitäten im oberen Drittel der Rangfolge des Ausbaus selbständiger Institutionen behaupten. Und das war wiederum vor allem durch die Naturwissenschaften bedingt. Das erscheint umso bemerkenswerter, als die institutionelle Expansion im medizinischen und naturwissenschaftlichen Bereich der deutschen Universitäten während der NS-Zeit insgesamt unterdurchschnittlich ausfiel (Hoßfeld et al. 2003, Matthes 2011, Stutz 2012).

Jahr	Art der Bewilligung
1934 bis 1944	5000,- RM jährlich
1935	3 Kursmikroskope
1936	Epidiaskop für die Lehre – 4056,- RM
1937	Kontaflex-Kamera
1938	4 Leuchtmesslupen und versch. Zusatzgeräte
1939	Sonderzahlung von weiteren 5000,- RM
1939	versch. optische Geräte wie Vorsatzlinsen, Okularmikrometer; Miflexkamera etc.

Übersicht über die Unterstützung der Carl-Zeiss-Stiftung für das Landesamt in Weimar/das Jenaer Universitätsinstitut, 1934–1944.[88]

Ergänzt wurde die klassische Universitätsfinanzierung (Landesmittel, DFG) durch Kontakte zum Reichsführer SS, zum Gauleiter Fritz Sauckel und zur Carl-Zeiss-Stiftung. Immer wieder gelang es Astel, „seine Verbindungen auszuspielen" und Geld

---

87 BA, ehem. BDC, WI, Astel, Karl, Astel an Karl Wolff vom März 1938.
88 ThHStAW, C 294, Nr. 99 – Schreiben der Stiftung vom 1. April 1935, 10. Juli 1936, 9. September 1937, 6. April 1938, 27. Juni 1938, 23. Januar 1939, 13. Mai 1939, 23 und 30. September 1939, 8. Oktober 1941.

einzuwerben. Im März 1936 gewährte die Carl-Zeiss-Stiftung dem Amt für Volksgesundheit der NSDAP-Gauleitung Thüringen zudem eine Beihilfe zur Vorbereitung der Ausstellung „Gesundes Volk" in Höhe von 500,- RM. Fortan wurden ferner für Astels Institut jährlich 5.000,- RM bewilligt. Lediglich im Geschäftsjahr 1940/41 stockte der Geldfluss vorübergehend. Zudem wurde Astels Institut von den Zeiss-Werken mit kostspieligen Geräten auf Rechnung der Stiftung ausgerüstet. Ein Unterstützungsgesuch des – zu diesem Zeitpunkt noch nicht entlassenen – jüdischen Ordinarius für Naturheilverfahren Emil Klein vom 3. März 1933 wies die Stiftungsverwaltung hingegen ab. Sie machte „grundsätzliche Bedenken" gegen die Einstellung Kleins „zur medizinischen Wissenschaft und Fakultät" geltend.[89] Ferner wurde das Astelsche Theaterstück „Erbstrom" in den Jahren 1934 und 1935 durch Zuschüsse von 3000,- RM des Thüringischen Innenministeriums (für Werbe- und Propagandakosten) unterstützt.[90]

Nicht anders verhält es sich mit Astels Institut sowie dem Thüringischen Landesamt für Rassewesen. Astel schrieb Briefe in einem ganz eigenen Stil: „Sie, mein Gauleiter, haben mich auf Grund langjähriger, seit den Anfängen der Kampfzeit gehärteter Kenntnis meiner Person in weltanschaulicher, leistungsmäßiger und fachlicher Hinsicht hierher berufen mit der Aufgabe, im grünen Herzen Deutschlands eine bahnbrechende und für das ganze übrige Deutschland vorbildliche Organisation des Rassewesens als unumgängliche Lebensvoraussetzung unseres Volkes und seiner Zukunft zu schaffen. [...] So lege ich die Verwirklichung des Notwendigen in Ihre Hände."[91] Astels Amt unterstand seit seiner Gründung als selbständige Behörde dem Innen- und Volksbildungs-

---

89 ThHStAW, ThVM, Abt. C, Nr. 546, Protokoll-Nrn. 500, 505, 510, 511, 516, 518, 544; ebd., C 536, Bl. 233; zit. nach: UACZ, Bestand BACZ, Nr. 22259, Protokolle Nr. 493, 500.
90 ThHStAW, ThMdI, Best. A 1054; Briefe vom 9. April 1934 und 10. April 1935.
91 BA Berlin, NS 19/1838, Brief von Astel an Sauckel vom 11. Mai 1935.

Anhang

Der Erbstrom des deutschen Volkes

wird nur dann rein und gewaltig dahinfließen, nicht in den Niederungen versumpfen oder versanden,

sich von allen Trübungen immer wieder reinigen,

alle von Fremdlingen und Entarteten errichteten Hindernisse und Einzwängungen niederreißen und hinwegspülen,

sich sieghaft zum Meer der Ewigkeit durcharbeiten,

wenn jeder einzelne Deutsche alles dafür tut, was überhaupt in seinen Kräften liegt.

Die Zeit ist da, wo der Wille des Führers in Erfüllung geht, **daß „die Rasse im Mittelpunkt des allgemeinen Lebens zu stehen habe".**

Die Zeit ist da, wo die nationalsozialistische, die naturgesetzliche, die rassische, die züchterische Weltanschauung vortritt.

Für alle gilt als oberster Grundsatz: Vorbild sein, Beispiel geben! Die Verantwortung nicht auf andere abwälzen, sondern selbst verantwortlich handeln!

Zunächst ist es ein schwerer Irrtum zu glauben, daß es auf die Beteiligung der deutschen Menschen jenseits der dreißiger Jahre oder jenseits des vierzigsten Lebensjahres an der Wiederherstellung der Rassekräfte nicht mehr ankäme. Allein kann die eben heranwachsende Jugend den beispiellosen Rasseabbau des deutschen Volkes, der sich von 1914 bis 1933 vollzog, nicht wieder gutmachen. In dieser Zeit wurden über 14,4 Millionen gut beschaffener deutscher Kinder weniger geboren als in der gleichen Zeitspanne unmittelbar vor dem Kriege, während gleichzeitig eine starke Vermehrung Erbkranker stattfand. Der gegenwärtige Altersaufbau des deutschen Volkes zeigt uns eindeutig, daß gerade in diesen und den allernächsten Jahren die Rassekräfte wieder aufgebaut werden müssen, da jetzt die fortpflanzungsfähigen Altersschichten des deutschen Volkes, die aus den geburtenreichen Jahrgängen stammen, noch zahlreich besetzt sind. Nun gestaltet sich jedoch bald die Lage von Jahr zu Jahr ungünstiger, indem die geburtenärmsten Jahrgänge des deutschen Volkes — 1915 bis 1933 — mehr und mehr in das fortpflanzungsfähige Alter einrücken, gleichzeitig aber zahlreiche Zeugungsfähige aus den geburtenreichen Jahrgängen fortpflanzungsunfähig werden. Der Wiederaufbau des deutschen Volkes, der nur ein rassischer sein kann, muß sich deshalb in diesen und den nächsten Jahren vollziehen, solange die zeugungsfähigen Altersschichten noch zahlreich vorhanden sind. Der Führer, die Reichsregierung und die Regierung des Landes Thüringen tun ihrerseits für das Rassewesen alles, was in ihren Kräften steht. Das Erbhofgesetz, das dem Bauern die Scholle erhalten will, das Gesetz zur Verhütung erbkranken Nachwuchses, das die Unfruchtbarmachung Erbkranker bezweckt, die einzigartige Sauckel-Marscher-Stiftung, die zum

Merkblatt, Vorderseite

196 *Anhang*

erstenmal den Kinderreichtum nach Erbgesundheit und Rassetüchtigkeit beurteilt und nur die erbgesunden und rassetüchtigen kinderreichen Familien mit Erbhäusern bedenkt — ein Vorbild nationalsozialistischer Staatspolitik — der besondere Aufbau des gesamten thüringischen Rassewesens legen beredtes Zeugnis davon ab.

Was kann und soll nun der Einzelne tun?

Erstens: Jeder Deutsche prüft, ob er erbgesund und rassetüchtig ist. Dies ist in der Regel der Fall, wenn der Betreffende selbst und alle seine näheren Verwandten gesund, leistungsfähig, berufstüchtig und von arischer Abstammung sind. Zur Feststellung von Erbgesundheit und Rassetüchtigkeit können in Thüringen schon heute über 1000 rassehygienisch geschulte Berater in Anspruch genommen werden, an die sich jeder im Zweifelsfalle wenden kann. Die Anschriften der Betreffenden sind durch das Thüringische Landesamt für Rassewesen zu erfahren.

Zweitens: Jegliche Gattenwahl, Verlobung und Eheschließung soll nur noch stattfinden nach vorherigem Austausch von Sippschaftstafel und Ahnenblatt. Außerdem soll von rassehygienisch geschulten Arzt ein Gesundheitszeugnis ausgestellt werden. Es gibt viele Erbkrankheiten, die äußerlich kaum oder garnicht in Erscheinung treten.

Drittens: Jeder Thüringer, Mann oder Frau, jung oder alt, stellt für sich eine Sippschaftstafel nach Karl Astel und das dazugehörige Ahnenblatt auf. Sippschaftstafeln und Ahnenblätter sind durch die Papier- und Buchhandlungen oder direkt von der Buchdruckerei Reinhold Schindler, Weimar, zu beziehen. Je ein Stück ist ausgefüllt an das Thüringische Landesamt für Rassewesen einzuschicken, ein zweites zurückzubehalten.

Viertens: Nur Erbgesunde und Rassetüchtige sollen sich fortpflanzen. Erbkranke müssen sich auf jeden Fall von der Fortpflanzung und weiteren Verbreitung ihres Elends zurückhalten. Soweit sie unter das Gesetz zur Verhütung erbkranken Nachwuchses fallen, sollen sie sich unfruchtbar machen lassen oder der Unfruchtbarmachung zugeführt werden. Sie helfen dadurch zu ihrem Teil mit, den Lebensstrom der Rasse von kranken Erbanlagen zu befreien. Jeder ist dafür mitverantwortlich.

Fünftens: Die Jugend befleißigt sich einer verantwortungsbewußten und edlen Lebensführung, um später das herrliche Erbgut ihrer Vorfahren mit ebenbürtigen Gatten ungeschwächt und unvermischt weiterzugeben an fernste Geschlechter. Jeder, der am Aufbau des Rassewesens besonders mitarbeiten möchte, setze sich unmittelbar in Verbindung mit dem Thüringischen Landesamt für Rassewesen.

Eines Jeden edelstes Ziel sei:

Die Ewigkeit des Deutschen Volkes!

卐

Thüringisches Landesamt für Rassewesen
Weimar, Brennerstraße 2a · Fernsprecher 1753 und 1749

gez.: Präsident Professor Dr. Astel.

Von diesem Merkblatt wurden bis jetzt 1 Million Stück verteilt.

Merkblatt, Rückseite

minister und war zudem in Personalunion mit dem Staatlichen Gesundheits- und Wohlfahrtswesen des Thüringischen Ministeriums des Innern verbunden. So nahm man bspw. einmal pro Woche „Erbgesundheitsobergerichtstermine" wahr. Ab 1937 wollte man zudem in engerer Kooperation mit der Universität (hier war die Abteilung „Lehre und Forschung" des Rasseamtes = Institut angesiedelt) verschiedene DFG-Projekte bearbeiten: so wurde das Projekt „Erhebung über die Fortpflanzung der etwa 22000 thüringischen Bauern von der DFG mit einem Kredit von 3000,- RM (26.06.1936) unterstützt; für Erhebungen zur unterschiedlichen Fortpflanzung von Thüringer Handwerksmeistern beantragte man bei der DFG weitere 3000 RM bzw. kam es zu einer Fortsetzung der Untersuchungen zur Erblichkeit der mongoloiden Idiotie sowie der bevölkerungspolitischen Vorausberechnung der Verteilung gesunder und kranker Erbanlagen in Generationsfolgen unter Berücksichtigung von Gattenwahl, Sterilisation und sonstiger Auslese. Hier erhielt bspw. Dr. H. Schröder, der bereits zur „Erblichkeit der mongoloiden Idiotie" gearbeitet hatte, vom 1. April 1937 bis zum 31. März 1938 ein DFG-Forschungsstipendium a 150 RM pro Monat bewilligt.[92]

Kooperative Besonderheiten an der Salana waren zum einen die Gründung des „Institutes zur Erforschung der Tabakgefahren" 1941 unter Federführung von Astel (Merki 1998, Zimmermann et al. 2000), zum anderen die 1943 von ihm und weiteren Jenaer Hochschullehrern gehaltenen Vorlesungen im KZ Buchenwald vor internierten norwegischen Studenten, mit dem Ziel, diese zu germanisieren (Hoßfeld 1997, Zimmermann 2001). In seinem Tagebuch von 1941 notierte Heberer zum Tabak-Institut: „Einladung vom Rektor [Astel] zu einer Besprechung um 4 Uhr [...] Besprechung über das zu gründende Institut zur Erforschung der Tabakschäden - nur nichtrauchende Mitarbeiter! Der Führer hat persönlich 100000 Rm

---
92 UAJ, Best. S, Abt. XX, Nr. 1, Schreiben der DFG (Mentzel) an Schröder vom 30. April 1937.

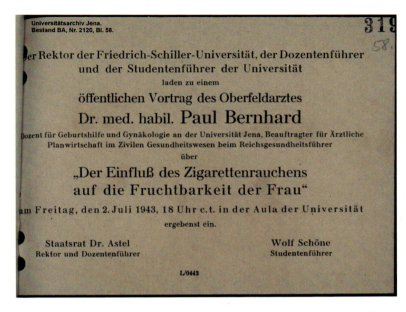

UAJ, Bestand BA, Nr. 2120, Bl. 58

zur Verfügung gestellt. Nach der Besprechung hält Astel mich zurück und teilt mir mit […], Führer [ein REM-Mitarbeiter] habe ihm gesagt, er halte es nicht für wahrscheinlich, dass die Etats für meinen Straßburger Lehrstuhl und Institut durchkämen! Das ist ja allerhand!" (Tagebucheintrag, 31.03.1941, S. 57/58, im Besitz des Verfassers). Sein rigoroser Anti-Raucher-Kampf ging in Jena dann sogar so weit, „indem er, in allen Räumen der Universität das Rauchen aus vaterländischen, volkswirtschaftlichen und gesundheitlichen Gründen' untersagte. ‚Es ist bestimmt kein Zufall', meinte Astel, wenn der Prototyp des selbstsüchtigen Engländers, Herr Churchill, als Raucher stets mit dicken Zigarren photographiert wird, während ihm der Nichtraucher Adolf Hitler geistig überlegen ist'" (Harten et al. 2006: 307–308). Anlässlich der Eröffnung des Tabakinstitutes fand dann eine Konferenz statt, „auf der die schwächende Wirkung des Tabaks auf die Kräfte der Nation angeprangert wurde; dahinter steckte, so Johannes von Leers in seinem Vortrag, das Judentum; denn der jüdische Kapitalismus habe das Rauchen in Europa verbreitet" (ebd.: 308).

Betreffs Buchenwald liest man in Heberers Tagebuch: Eintrag vom 17. März 1944 (Freitag): „Fahrt nach Buchenwald (internierte norwegische Studenten). Mit der Bahn nach Weimar (Franz im Zug getroffen, Unterhaltung zu Haeckel-Jahrbuch...). Am Bahnhof SS-Auto-Astel abgeholt. Dann ins Lager. Prächtige Kerle, diese Norweger - ob es gelingt, sie auf unsere Seite - auf die Seite Germaniens zu bekommen. Astel leitete ein. Ich spreche dann über die Abstammungslehre, über ihre Bedeutung zur Weltanschauung und Weltbild u. über die Stellung des Menschen...Gespannte Aufmerksamkeit... (gute Sprachkenntnisse). Fragen wurden gestellt." [...] Eintrag vom 24. März 1944 (Freitag): „Fahren während des Alarms (starkes Motorengeräusch...) nach Buchenwald. Sprach über die Stellung des Menschen im Rahmen der Säugetiere." [...] Eintrag vom 31. März 1944 (Freitag): „Fahrt zu den Norwegischen Studenten ins KZ Buchenwald. Vorlesung über Fossilgeschichte des Menschen (Australopitheciden, Anthropus-stufe), rege Diskussion." (Ebd.). Auch Kontakte zu den Herausgebern der „Nationalsozialistischen Monatshefte", zum Reichsführer SS, zur Carl-Zeiss-Stiftung (Jena) und dem Reichsstatthalter Sauckel sind bei Heberer nachweisbar.

Interessant ist zudem, dass in vielen Schriftwechseln aus dem Jahre 1935 zwischen Astel und Himmler, Sauckel nicht nur in der Anrede als Gauleiter etc., sondern auch stets als „SS Ehrengruppenführer" aufgeführt ist.[93]

Bis 1939 scheint das Engagement einzelner thüringischer Politiker und Wissenschaftler für die Biowissenschaften deutschlandweit derart bedeutend gewesen zu sein, dass man diesen in einem speziellen Beitrag im *Biologen*, anlässlich der Gründung des Reichsbundes für Biologie, offiziell

---

[93] BA Berlin, NS 19/1838, Astel an Himmler vom 12. Mai 1935 usw.

dankte: „erinnere [...] an das große Interesse, das der Reichsführer SS der biologischen Forschung durch praktische Unterstützung der verschiedensten Wissenschaften durch die Tat bewiesen hat, und an den Reichsstatthalter Sauckel in Weimar und seinen Staatsrat Prof. Astel, der die Biologie in Forschung und Lehre stärkstens fördert."[94] Ab 1939 gehörten Astel und Gerhard Heberer, wie bereits erwähnt, dann schließlich noch dem Editorial board der Zeitschrift *Der Biologe* an.

Neben Hitlers Privatspende von 100.000 Reichsmark im Jahr 1941 (für das Institut zur Erforschung der Tabakgefahren) bemühte sich auch der Reichsführer SS Heinrich Himmler frühzeitig um Spendengelder für die Universität Jena (besonders für Astels Institut) und es kam z.b. 1935 zu einer Überweisung von 8000 Reichsmark aus dem eigenen Verfügungsfonds Himmlers.[95] Hier reihen sich schließlich auch noch Himmlers Besuch des Landesamtes (Juni 1937) sowie die Exkursion einiger Teilnehmer des Internationalen Kongresses für Bevölkerungswissenschaft nach Weimar[96] im Herbst 1935 ein. Astel dankte Himmler in einem schleimig, anbiedernden Brief, der im Ton und Ausführung charakteristisch ist: „Reichsführer! Ihre eingehende Besichtigung des Thür. Landesamtes für Rassewesen hat in Thüringen einen tiefen Eindruck hinterlassen. [...] Sie haben damit der Arbeit an der Erhaltung und Höherzüchtung unserer Rasse einen wesentlichen Dienst erwiesen [...] Wir empfinden es darüber hinaus als ein großes Glück, daß der Chef der deutschen Polizei eine geborene Züchternatur ist [...]."[97]

An dieser Stelle sei auch der „Rhön-Plan" erwähnt, der vorsah, dass gesamte Rhöngebiet als bevölkerungswissen-

---

94 Vgl. Walter Greite: Aufbau und Aufgaben des Reichsbundes für Biologie, in: Der Biologe 8 (1939), S. 233–241, hier S. 235, Hervorh. im Orig.
95 BDC, NS 19/1838, Bl. 18, Brief von Himmler an Astel vom 4. August 1935; Schreiben an Astel vom 30. Oktober 1936.
96 Allgemeine Thüringische Landeszeitung vom 8. September 1935.
97 BDC, NS 19/1838, Brief von Astel an Himmler vom 14. Juni 1937

schaftliches Musterbeispiel zu entwickeln, indem man hier die Landschaft und ihre Bevölkerung durch agrar- und rassenpolitische Maßnahmen völlig umstrukturieren wollte. Hierzu fand im September 1935 eine mehrtätige Besichtigungsfahrt von Teilnehmern des Internationalen Kongresses für Bevölkerungswissenschaft in Berlin und aus ganz Europa in die Rhön statt: „Der Bezug zu Thüringen ergab sich, da die Reise in die Rhön in Weimar, der ‚Gauhauptstadt' Thüringens, ihren Anfang nahm, wo eine Abteilung der SS als eine Art Empfangskomitee am Bahnhof auf die Kongressteilnehmer wartete."[98] Astels Züchterphantasien und seine Verbindung zur SS ließ für die Bevölkerung der Rhön ebenso nichts Gutes erwarten.

Buchenwaldarchiv, 02-4-44

Mitarbeiter des Landesamtes in einem Arbeitsraum (vermutlich 1937).

---

98 Allgemeine Thüringische Landeszeitung vom 10./11. September 1935.

Rassige Intrigen und Konflikte

Haeckels Erben im Konflikt

An der Universität in Jena ging es um Einfluss, Macht und Geld. Das Personal, das dem Nationalsozialismus nahe stand, nutzte seine Verbindungen, um gegen Kollegen zu intrigieren, die eigene Karriere zu befördern und eigene Interessen durchzusetzen. Die Vorgehensweise ähnelte sich immer. Vor einem möglichst hochgestellten Nationalsozialisten wurden Kollegen denunziert, Beförderungen angeregt und Geld eingetrieben. Da sich Astel auf seinen Kontakt mit Heinrich Himmler berufen konnte, versuchte er, seine Interessen mittels der SS durchzusetzen. Der Gauleiter in Thüringen begleitete diese Bestrebungen. Entscheidend war allerdings Himmler. Dass sich Himmler nicht für umsonst einsetzte, war offenkundig. Und so bot Astel universitäre Freiheit, die Freiheit der Lehre und Forschung als Gegengabe feil. Aus der Universität sollte die „SS-Universität" werden. Diese Entwicklung setzte recht früh ein.

In einem Schreiben vom 22. September 1937 von Astel an Himmler werden die Gründe explizit genannt, warum gerade der junge Zoologe Gerhard Heberer die Unterstützung der SS erhalten sollte: „Besetzung des zoologischen Lehrstuhls [ist] von größter praktischer Bedeutung [...] Leider werden die Berufungen auf die frei werdenden Lehrstühle aber von 3 oder 4 Zoologen der liberal-klerikalen Vergangenheit gelenkt, die durchweg ihre, ihnen auch wissenschaftlich auf ihrer Spur folgenden Schüler lancieren. [Heberer ist] wegen seiner weltanschaulichen Linie und Haltung nicht beliebt und wird daher nie auf eine Berufungsliste gesetzt. Sein Lehrer Haecker ist tot. Sein jetziger Chef ist ein Herr Stolte, [...] unbedeutend [...] Ich hege den dringenden Wunsch, Heberer, ebenso wie Prof. Gerlach, nach Jena zu holen."[99] Für Astel war der junge Heberer ein „Kämpfer" für eine an Hochschulen zu vertretende „Deutsche Biologie". Ein anderer Professor (Jürgen W. Harms), den Astel nicht schätzte, sollte im Gegenzug die Universität verlassen. Zum Schluss konstatierte Astel: „wäre Ihnen, mein Reichsführer, für Veranlassung entsprechender Maßnahmen sehr dankbar. Unsere rassische Front würde auf diese Weise auf wissenschaftlichem Gebiet um einen hervorragenden Fachmann und unerschrockenen Kämpfer verstärkt werden."[100] In einem Antwortschreiben von Himmler (i.V. Karl Wolff) sprach sich die SS-Führung ebenfalls für eine Lancierung Heberers und Gerlachs nach Jena aus.[101] Am 16. November unterstrich nochmals Astel in einem Brief an Himmler seine Ambitionen betreffs der Universität mit den Worten: „Ausbau Jenas zu einer rassisch einheitlich ausgerichteten SS-Universität [...] Lehrstuhl ist mit der Leitung des bekannten ‚Phyletischen Museums' verbunden, das unter Heberer zu einer Volks- und Landesausstellung für Lebenskunde, Rassenlehre und Stammesgeschichte ausgebaut werden könnte."[102] Von politischer Seite schien somit alles geklärt.

Doch im Budget der Universität sah es mit einer Berufung ungünstig aus. Astel hingegen versuchte weiter, auf schriftlichem Wege die Berufung zu lancieren. Permanent appellierte er daher an das „Gewissen" der beteiligten Stellen, Jena zu einer wirklich rassisch ausgerichteten „SS-Universität" zu machen."[103] Erstmals wurde auch die Möglichkeit erwogen, eine andere Wirkungsmöglichkeit für Heberer in Jena zu schaffen. Nachdem Gauleiter Julius Streicher den Professor für biologische Medizin Karl Kötschau nach Nürnberg geholt hatte, war diese Stelle an der Universität vakant. Diese Professur sollte in

---

99 UAJ, Best. U/Abt. IV, Nr. 16.
100 Ebd.
101 Ebd., Brief vom 5. November 1937.
102 Ebd., Brief von Astel an Himmler vom 16. November 1937.
103 UAJ, Best. U / Abt. IV, Nr. 16. Brief von Astel an Wolff vom 10. Januar 1938.

einen Lehrstuhl für experimentelle Lebenskunde und menschliche Stammesgeschichte umgewandelt sowie mit dem Phyletischen Museum vereint werden. Man beabsichtigte, „dieses etwas verstaubte Phyletische Museum zu einem Thüringischen Landes- und Volksmuseum für Lebenskunde, Rassewesen und Stammesgeschichte [auszubauen] ... Auf diese Weise würde in Jena gleichsam ein Bollwerk und Forschungsinstitut zur Abwehr gegen die von katholischer Seite unter Benutzung von Edgar Dacque in Szene gesetzten Ablenkungsmanöver auf diesem Forschungsgebiet errichtet werden."[104] Neben Heberer bewarb sich gleichzeitig auch der Zoologe Victor Franz, seit 1935 Direktor des Haeckel-Hauses, um diese Stelle. Einerseits machte er sich als „ältester Parteigenosse und Rassewart" (Nr. 34) unter der Jenaer Professorenschaft Hoffnung auf ein Ordinariat, andererseits ergingen mehrfach Empfehlungsschreiben an „höhere Parteistellen" (z.B. Sauckel): „Da er noch ein unmittelbarer Schüler Ernst Haeckels und zudem alter Nationalsozialist (Eintrittsdatum 1.3.1930, Mitgl.-Nr. 214131) ist, ist, ganz abgesehen von der wissenschaftlichen Rechtfertigung, auch aus persönlichen und politischen Gründen seine Berufung an eine selbständige Stelle sehr zu empfehlen."[105] Seine Bemühungen sollten aber wieder erfolglos bleiben.

Der Mediziner und Philosoph Lothar Stengel von Rutkowski begrüßte ebenso in einem Schreiben an Walther Schultze ebenfalls aufs „wärmste" die Berufung Heberers, nachdem etwa „15 ganz vorzügliche Gutachten" in Jena eingegangen waren.[106] Dem schlossen sich abermals Himmler sowie der Reichsdozentenbundsführer an. So hatte Heberer in einem Brief vom 2. Mai 1938 an seinen zukünftigen Rektor Astel bereits bemerkt: „Lieber Astel! [...] Wenn es Harms gelingen sollte, in der Fakultät eine Gegenströmung zu erzeugen, die unter Umständen geeignet wäre, die Frage der Einrichtung

---

104 Ebd.
105 Ebd., Brief vom 7. April 1938.
106 Ebd.

eines Lehrstuhles für Abstammungslehre und allgemeine Biologie zu gefährden, so wäre es wohl doch angebracht, scharf zu schiessen, und zwar bald, denn die Zeit ist kostbar und arbeitet gegenwärtig gegen eine ‚Deutsche Biologie', wie wir sie verstehen."[107] Als Name für den Lehrstuhl war die Bezeichnung „Für Allgemeine Biologie und Abstammungslehre" (später Anthropogenie) vorgesehen. In einer Kommissionssitzung Ende Mai 1938 zwischen dem Dekan, dem Rektor und Stengel von Rutkowski konnte letzten Endes dem Reichsamtsleiter Dr. Schultze angeraten werden, sich weiterhin dieser Sache anzunehmen und weitere Empfehlungen nach Berlin zu schicken.

Die Streitigkeiten um das Phyletische Museum weiteten sich 1938 an der Salana zu einem offenen Machtkampf zwischen Astel und dem damaligen Rektor, dem Physiker Abraham Esau, aus. Neben Harms geriet zudem der bereits 1937 verstorbene Plate ins Visier der Nationalsozialisten: „Plate hat mündlich und schriftlich die Theorie der Vererbung erworbener Eigenschaften vertreten und gelehrt. Er hat sich in manchen Dingen sogar so urteilsunfähig gezeigt, daß es zu dem bekannten Gutachten über den „denkenden und rechnenden Hund Kurwenal von Weimar" kommen konnte. Die Theorie des „Erbstockes", die er vertrat widerspricht durchaus den Tatsachen."[108] Am 17. Juni 1938 hatte der Jurist Karl Blomeyer in der Senatssitzung den Standpunkt vertreten, die Universität dürfe den Leitungswechsel am Phyletischen Museum nicht durchführen, da hiermit ein Präzedenzfall dafür geschaffen werde, dass in Zukunft Stiftungsauflagen nicht eingehalten würden oder eventuelle Erben von Haeckel klagen könnten. Astel sah dies natürlich anders: Erstens war er überzeugt, „daß seit dem Weggang von Ernst Haeckel die Zoologie und damit die Biologie in Jena nicht mehr in der Richtung und in der Intensität an der Universität vertreten wurde, die Haeckel begründete und die für den Nationalsozialismus von größter Bedeutung" war. Zweitens

---
107 Ebd.
108 Ebd., Brief von Astel an Esau vom 23. Juni 1938.

bemerkte er zu der besonderen Aufgabe des Landes Thüringen, dass „sich die natur- und rassengesetzliche Ausrichtung des gesamten öffentlichen Lebens einschließlich der Wissenschaft zum Ziel gesetzt hat", dass an der Universität Jena ein Zoologe und Biologe wirken müsse, der sowohl hohe wissenschaftliche Qualitäten besaß, als auch Nationalsozialist war: „Seine [Heberers] Berufung nach Jena [...] bedeutet einen grossen Gewinn für Thüringen." Drittens war nach seiner Überzeugung das Phyletische Museum unter der Leitung von Plate und Harms nicht „so geleitet und ausgebaut worden, wie es dem Willen Haeckels entsprach." In seinem Verständnis habe es Plate sogar im schärfsten Gegensatz zu Haeckel geleitet und gegen dessen Erwartung sogar Stiftungsgelder dazu verwendet, um das Phyletische Museum lamarckistisch auszubauen: „Der Verbreitung dieser Irrlehre verdankt die Menschheit und besonders das deutsche Volk eine Unsumme von Elend und schwerste Schicksalsschläge."[109]

Mit dem folgenden Zitat wird zusammenfassend deutlich, was die Thüringische NSDAP-Spitze von den Jenaer Biologen konkret erwartete: „Von der nationalsozialistischen Wissenschaft muss verlangt werden, dass sie schädliche, ja lebensgefährliche Theorien nicht nur nicht toleriert, sondern entschieden und mit Hingabe bekämpft. Mit allen Mitteln muss sie daher die entscheidende Bedeutung der unterschiedlichen Fortpflanzung, der Züchtung für die Erhaltung und Vervollkommnung der Lebewesen, namentlich des deutschen Volkes selbst, zur Geltung bringen. Ja, das ist - neben der Züchtung von Nutztieren und Nutzpflanzen, welche die Ernährungsfreiheit Deutschlands zu sichern haben - eine der Hauptaufgaben der organischen Naturwissenschaft."[110] Nach weiteren Stellungnahmen, Intrigen, Allianzen und Gegengutachten setzte sich die SS durch.

---

109 Ebd. Sinngemäße Wiedergabe der Worte Astels durch den Verfasser vorliegender Arbeit.
110 UAJ, Best. U/Abt. IV, Nr. 16, Astel in einem Schreiben vom 23. Juni 1938 an Esau.

Am 4. Dezember 1938 erging aus dem RMEV der Erlass: „Prof. Heberer erhält die Professur, die durch Umwandlung des Lehrstuhles Kötschau geschaffen wurde."[111] Am 5. Januar 1939 verlieh der Reichsminister Heberer für die Dauer seiner Tätigkeit als nichtbeamteter Lehrer an einer deutschen Hochschule die Dienstbezeichnung „nichtbeamteter außerordentlicher Professor"[112] und übertrug ihm mit Wirkung vom 1. Oktober 1939 an der Mathematisch-Naturwissenschaftlichen-Fakultät der Universität Jena die freie Planstelle eines außerordentlichen Professors mit der Verpflichtung, die Allgemeine Biologie und menschliche Abstammungslehre in Vorlesungen und Übungen zu vertreten. Gleichzeitig ernannte man Heberer zum Vorsteher der „Anstalt für Allgemeine Biologie und Anthropogenie".[113]

Kampf den Antidarwinisten

Die Biologen im Nationalsozialismus vertraten keineswegs geschlossen die Ansichten von Charles Darwin oder Ernst Haeckel. Die Haupteinwände gegen die darwinschen Theorien wurden gleich nach ihrer Äußerung (Darwin 1859) von zahlreichen Gelehrten vorgetragen. So bezweifelte man beispielsweise den adaptiven Charakter der Evolution, die Allmählichkeit der evolutiven Veränderungen sowie den ungerichteten Charakter der Variation. Eine Betonung von Erklärungskonzepten, welche darwinistische Prinzipien explizit als Evolutionsmodelle ablehnten sowie daran anknüpfende Diskussionsfelder führten schließlich zur Entstehung von Evolutionstheorien, die dem Darwinismus alternativ gegenübergestellt wurden (Levit et al. 2005, 2008).

---
111 UAJ, BA, Nr. 2163.
112 Ebd., 126/256, Reichsminister an Kultusminister vom 05. Januar 1939.
113 Ebd., Brief vom 04. Dezember 1939.

Ein namhafter Opponent war der vergleichende Anatom Hans Böker aus Jena, der aktiv seinen Holismus (Ganzheitsdenken) mit dem Lamarckismus (Vererbung erworbener Eigenschaften) verband. Er sah im biologischen Denken ein genetisch-konstruktives Denken, ein Ganzheitsdenken.[114] Zumindest was die Nähe zum Lamarckismus angeht, lag er damit im Trend jener Jahre. Auch Jenaer Evolutionsbiologen wie Ludwig Plate und Jürgen W. Harms waren bis Mitte der 1930er-Jahre Anhänger dieser antidarwinistischen Richtung gewesen.

Böker hielt in seinen Untersuchungen am Einzelindividuum fest, unterschätzte damit die Rolle von Populationen im Evolutionsprozess und negierte ebenso Forschungsergebnisse der modernen Genetik, womit er hier unmittelbar an Haeckel anschloss. Ähnlich wie sein Jenaer Kollege V. Franz unterließ auch Böker in seiner morphologischen Theorie nicht den Versuch, sich Mitte der 1930er-Jahre durch politisch-ideologische Äußerungen den neuen Machthabern anzubiedern: „Die Organismen sind also nicht passive Würfel, die es sich gefallen lassen müssen, wie der Zufall mit ihnen spielt, sondern es sind tätige Wesen, die um ihr Lebenswerk ringen. Dies ist eine Erkenntnis, die uns Deutschen, die wir doch auch aktiv kämpferisch und nicht passiv erduldend sind, wahrlich naturgemäßer ist als die rein mechanische Mutations- und Selektionstheorie. ‚Wer leben will, der kämpfe, und wer nicht streiten will in dieser Welt des ewigen Ringens, verdient das Leben nicht!' Adolf Hitler" (Böker 1937: VI, 238). Ein Versuch, der aber wie nachfolgende Bemerkungen zeigen, nicht von Erfolg gekrönt war. Es ist dabei interessant zu sehen, dass in den weltanschaulichen Kontroversen im Dritten Reich um Böker nicht dessen Lamarckismus, sondern der von ihm vertretene Holismus Stein des Anstoßes für scharfe Diskussionen war (Kaiser 2013).

---

[114] Archiv der Deutschen Akademie der Naturforscher Leopoldina, MM 4426, Selbstbiographie Bökers, Unterstreichungen im Orig.

Böker wollte der exakten Genetik seine Lehre von der vergleichend-biologischen Morphologie (Böker 1935: 19) entgegensetzen. Solche Aussagen sowie die von Adolf Meyer-Abich, dass die „extremen Genetiker und Rassenforscher der Mutations- und Selektionslehre die alleinige Berechtigung zuerkennen" (ebd.: 7), stießen Mitte der 1930er-Jahre in Jena zunehmend im wissenschaftspolitischen Umfeld Astels auf kritisches Interesse. Im Zuge der Neubesetzung der Stelle des am 18. März 1937 verstorbenen Abteilungsvorstehers für Entwicklungsgeschichte und Topographische Anatomie in Jena kam es zwischen Böker, Kötschau und Astel zu heftigen Auseinandersetzungen, die Böker wahrscheinlich mit veranlassten, Jena 1938 den Rücken zu kehren. Bereits in seiner Rede zur Eröffnung des Wintersemesters 1936/37 mit dem Titel „Die Aufgabe" hatte Astel bemerkt: „Wir wollen uns von dem Fremdwortgestrüpp unseren gesunden arischen Menschenverstand nicht täuschen lassen. Wir wollen uns klar sein, daß es weder dem Wesen einer wahrhaften deutschen Wissenschaft noch der Aufgabe von uns nationalsozialistischen Wissenschaftlern entspricht, einen neuen ‚Ismus' heraufzuführen, beispielsweise wie hier in Jena versucht wurde, einen ‚Holismus', auf dessen enge Verbindung zur Katholischen Aktion aufmerksam gemacht zu haben, das Verdienst meines treuen Mitarbeiters, des SS-Obersturmführers Stengel-v. Rutkowski ist" (Astel 1937: 11) Durch diese Äußerungen, obwohl nicht direkt angesprochen, sah sich Böker veranlasst, Stellung zu beziehen. Er zog mit Klage vor das Ministerium, hatte jedoch keinen Erfolg.[115] Als Nachfolger Gräpers war der Königsberger Anatom Kurt Alverdes, Bruder des Marburger Zoologen und Holisten Friedrich Alverdes, vorgesehen, den Astel jedoch ebenso dem Lager der Holisten zuordnete und dementsprechend nicht als Gegengewicht zu Böker akzeptierte (Zimmermann 2000: 51). Astel nutzte durch das aktive Einmischen in diese Berufungsverhandlun-

---

115 UAJ, Best. BA 1789, Schreiben des Ministeriums (REM) vom 18. Mai 1937.

gen die Gelegenheit, eine zentrale Abrechnung mit den Holisten und Antidarwinisten in Jena zu führen: so mit Adolf Meyer (-Abich), für den man 1936 einen Lehrstuhl für Theoretische Biologie schaffen wollte (Besetzung nicht erfolgt) sowie mit dem Extraordinarius für Biologische Medizin Karl Kötschau. Auch Gauleiter Sauckel wünschte, „daß der Holismus an der Thüringer Landesuniversität Jena auf keinen Fall Fuß faßt".[116]

Die Holismusdiskussion war zu jener Zeit mit Artikeln in fast allen naturwissenschaftlichen Fachzeitschriften zu finden, sogar in denen der Rassenkunde sowie der „Deutschen Biologie", wobei die Thematik aber vorwiegend unter Medizinern und Zoologen diskutiert wurde. Konkrete Entgegnungen gegen diese antidarwinistischen Strömungen (Lamarckismus, Holismus) ließen auch nicht lange auf sich warten, so wurden aus dem Umfeld Astels die Botaniker Heinz Brücher und Werner Zündorf publizistisch aktiv (Hoßfeld 2002a). Brücher notierte dazu: „Der Holismus war eine metabiologische Lehre, dazu bestimmt, der Naturforschung schwersten Schaden zuzufügen [...] Es ist daher auch ein Stück geistiger Landesverteidigung, wenn die deutschen Biologen den verwirrenden Ideen okkulter Gehirne den Kampf ansagen und sie entlarven, wo immer der Okkultismus in die Naturforschung getragen wird [...] Die einzige, wirklich tiefe ‚biologische' Weisheit dieses ‚dynamischen Weltbildes' liegt in der Tatsache, daß Kuhmist tatsächlich ein ganz ausgezeichneter Dünger ist" (1941: 265–266).

Nachdem Kötschau bereits 1937 und Böker schließlich 1938 Jena verlassen hatten, gab es hier keine weiteren Diskussionen über den Holismus bzw. Lamarckismus.

---

116 UAJ, Best. BA 922, Abschrift der Stellungnahme Astels zur Gräper Nachfolge.

Verfolgung eines Dialektikers

Der berufliche Lebenslauf Julius Schaxels ist ein Beispiel dafür, wie Menschen im „Zeitalter der Extreme" durch politische Entscheidungen um ihre Existenz gebracht wurden. Sich dem zu entziehen, war fast unmöglich. Nach der Machtübernahme durch die Nationalsozialisten 1933 wurde dem Haeckel-Schüler im Zuge des Gesetzes zur Wiederherstellung des Berufsbeamtentums aufgrund seines politischen Engagements am 24. März 1933 der Lehrauftrag für experimentelle Biologie entzogen. War Schaxel bis 1918 vor allem wissenschaftlich hervorgetreten, so „outete" er sich im Gründungsjahr der ersten deutschen Republik mit seinem (Wieder-)Eintritt in die SPD und dem kurzzeitigen Engagement im Jenaer Arbeiter- und Soldatenrat als Hochschullehrer. Schaxel eröffneten sich bald neue hochschulpolitische Betätigungsmöglichkeiten. Im Februar 1923 wurde er vom thüringischen Volksbildungsminister Max Greil zum Referenten für Hochschulfragen ernannt, bereits 1924 von der nachfolgenden Regierung aber wieder von seinen Referentenpflichten entbunden. Auch Schaxels Engagement für eine breite Wissenschaftspopularisierung außerhalb der akademischen Welt machte ihn an der Jenaer Hochschule zum Exoten. Im Herbst 1924 zählte er zu den Mitbegründern der „Urania – Freies Bildungsinstitut e. V.", dessen Vorsitzender er schließlich wurde. In den Folgejahren entstanden in zahlreichen größeren deutschen Städten Dependancen des Vereins, die im Rahmen der proletarischen Freidenker- und Volkshochschulbewegung vor allem durch regelmäßige Vorträge ihre Wirkung entfalten konnten. Schaxel selbst formulierte in den 1920er-Jahren als Gegenposition zu sozialdarwinistischen Theorien eine „dialektische Biologie" und verwies auf symbiotische Lebensgemeinschaften in der Natur.
Nachdem Schaxel am 18. April 1933 in die Schweiz flüchtete, wurde er durch die nationalsozialistische Landesregierung in Thüringen „beurlaubt", als Leiter der Anstalt für experimen-

EHH

Julius Schaxel im Labor der von ihm gegründeten „Anstalt für experimentelle Biologie" (1928)

telle Biologie abgesetzt. In seiner Autobiographie notierte er dazu: „Der Druck der Reaktion in Deutschland stieg mit der Wirtschaftskrise seit September 1929 in raschem Tempo. In Thüringen bekamen wir 1930 den ersten nationalsozialistischen Minister: Dr. Wilhelm Frick. Ich war ihm recht gut bekannt. Er schrieb in meine Personalakten: ‚Was macht der Kerl? Wozu brauchen wir den russischen Juden?' Das war die erste offizielle Erwiderung auf meine seit 1920 betriebene Bekämpfung der Rassentheorie. Zunächst freilich überlebte ich Frick in Thüringen. Die geringen Reste der deutschen Volkspartei (Stresemann) im Landtag ärgerten sich über Fricks Machtansprüche. Sie sondierten, ob die Kommunisten und Sozialdemokraten ein Misstrauensvotum gegen Frick unterstützen würden. Ich vermittelte das Einverständnis. Frick fiel. Das war der letzte Akt der parlamentarischen Demokratie im Kleinstaat. Ich gab mich keinen Illusionen hin. Noch etwa zwei Jahre war ich Professor und Direktor in Jena. Sehr häufig erhielt ich Drohbriefe und andere gute Wünsche. Auf mein Auto flogen Steine. Die Haustüre war am Morgen mit Hakenkreuzen bemalt. In den Vorlesungen kam es zu keinen Störungen, obwohl Nationalsozialisten mit Abzeichen im Saale waren. Im März 1933 wurde mir das Abhalten von Vorlesungen verboten, zu einer Zeit, als gerade gar keine stattfanden; denn es waren Ferien" (Reiß et al. 2008).

Im Zuge der Aberkennung der deutschen Staatsbürgerschaft am 1. November 1934 erfolgte am 13. Dezember 1934 sogar die Aberkennung der Doktorwürde durch den Dekan der Jenaer Philosophischen Fakultät. Auf Nachfrage versicherte der Botaniker O. Renner, dass dies nicht als „wissenschaftliche Disqualifizierung" zu verstehen sei und es sich dabei „nur um die Aberkennung eines bürgerlichen Dekorum" handle.[117]

Schaxel antwortete gegen die Maßnahmen mit einem offenen Brief an die Mitglieder Deutschen Gesellschaft für Vererbungswissenschaft, in dem er nicht nur das ihm widerfahrene Unrecht, sondern auch das der mehr als Tausend aus Deutschland vertriebenen Hochschullehrer anklagte.[118] Nach dieser Stellungnahme war es Renner, der in enger Tuchfühlung mit dem Reichserziehungsministerium auch den Ausschluss Schaxels aus der Gesellschaft für Vererbungswissenschaft vorantrieb, da Schaxel durch seine öffentlichen Äußerungen die deutsche Wissenschaft „beleidigt" habe.[119]

Zum Beginn seiner Verfolgung war Schaxel allerdings nicht mehr in Deutschland. Er folgte einem Ruf an das Labor für evolutionäre Morphologie der Akademie der Wissenschaften der UdSSR nach Leningrad.

---

[117] UAJ, Bestand BA, Nr. 967, Bl. 5, Schreiben (Durchschlag) Renners an Schaxel vom 15. Mai 1935.
[118] Ebd., Bl. 10–11, Rundschreiben Julius Schaxels an die Mitglieder der Deutschen Gesellschaft für Vererbungswissenschaft vom Juni 1935.
[119] Ebd., Bl. 31–32, Erwiderungsschreiben Otto Renners vom August 1935.

Plagiat durch den Doktorvater

Bis in die 1920er-Jahre hatten die meisten Biologen ihre Versuchsobjekte mit den Methoden der Mendelschen Genetik untersucht und dem Zellkern die dominante Rolle im Vererbungsgeschehen zuerkannt. Dem Zellplasma sprach man keine primäre Vererbungsrolle zu, es war die Zeit des Kernmonopols der Vererbung. Einzelne genetisch arbeitende Botaniker lösten sich aber allmählich von dieser einseitigen Auffassung und dehnten ihre Untersuchungen auch auf das Zellplasma aus. Während dieser Untersuchungen wurden von den Botanikern Heinz Brücher (Jena), Ernst Lehmann, Peter Michaelis und Werner Zündorf (Jena) unterschiedliche Ergebnisse erzielt.

Brücher hatte vom Frühjahr 1936 bis zum Sommer 1937 die Arbeiten an Epilobium [Weidenröschen] des 1933 verstorbenen Ottmar Schnitzler in Tübingen fortgeführt und war im November 1937 im zweiten Teil seiner Dissertation zu Ergebnissen gelangt, die im Widerspruch zu Lehmanns (sein Doktorvater) Thesen standen. Brücher wies neben zahlreichen Druck- und Schreibfehlern auch einige Rechenfehler in einer Publikation von Lehmann und Schnitzler nach. Die Wiederholung der Keimungen durch Brücher hatte völlig andere Resultate erbracht. Auf Grund dieser von Brücher vorgelegten Ergebnisse zwang ihn Lehmann, diese Daten in seiner Dissertation zu schönen und in dieser Form nicht zu veröffentlichen. In der Tübinger Untersuchungsakte über Lehmann heißt es an einer Stelle: „Es kam dann zwischen ihm und Brücher zu verschiedenen scharfen Auseinandersetzungen, insbesondere weil der Beschuldigte eine Fortsetzung der Versuche und die Nachprüfung der Ergebnisse des nächsten Sommers verlangte. Da sich Brücher darauf nicht einlassen wollte (auch ein monatliches von Lehmann angebotenes Stipendium über 200 RM lehnte er ab), beschritt der Beschuldigte den Ausweg, den zweiten Teil der Brücher'schen Arbeit auszuschalten, den ersten Teil aber umzuarbeiten und diesen als Doktorarbeit Brücher's anzunehmen."[120] In erster Instanz hatte Lehmann mit seinem Vorgehen also Erfolg. Brücher musste widerwillig und unter Druck diesem Vorhaben zustimmen; suchte aber gleichzeitig nach Wegen der Abwehr. Zur Nachprüfung der Ergebnisse ging er deshalb zu seinem früheren Förderer Astel nach Jena. Von hier aus wollte er den Kampf gegen Lehmann forcieren, denn die Dissertation wurde gedruckt, zu der er sich innerlich nicht bekannte. Das hatte zur Folge, dass er sich später mit der Veröffentlichung seiner eigenen Ergebnisse (in einzelnen Punkten) selbst widerrief. Vor seiner Abreise nach Jena hatte Brücher aber noch die Fakultäts- und Universitätsleitung in Tübingen und seine zukünftigen Arbeitskollegen in Jena über diesen Zwischenfall informiert und um Hilfe gebeten.[121] Diese wurde ihm zuteil und löste eine ganze Lawine an Untersuchungen, Schriftverkehr und Anhörungen im Umfeld der Universität und des Botanischen Institutes in Tübingen aus.

Brüchers ehemaligen Kollegen Werner Zündorf aus Tübingen erging es am Ende der 1930er-Jahre ähnlich. Zündorf mußte seine im Frühjahr 1937 am Botanischen Institut Tübingen unter Lehmann begonnenen Epilobium-Untersuchungen bei G. Heberer im Sommer 1939 an dessen neugegründeten Institut für Allgemeine Biologie und Anthropogenie in Jena beenden.

Persönliche Suche nach einer SS-Professur

Bereits unmittelbar nach seiner Habilitation 1940 in Jena forcierte Lothar Stengel von Rutkowski seine persönlichen Bemühungen, nunmehr eine entsprechende „Rasse"-Professur zu erhalten. Bezeichnenderweise suchte er ausschließ-

---

120 Universitätsarchiv Tübingen (UAT) 126/373, 1.
121 UAT 126/373, 8. Briefe von Brücher an a) den Gaudozentenbundsführer Dr. Jörg vom 10. Oktober 1938 und b) an Astel vom 19. November 1938.

lich Kontakt zu SS-Führungskreisen. Offensichtlich traute er der SS zu, eine Professorenstelle zu schaffen und mit seiner Person zu besetzen. So schickte er unmittelbar nach der Veröffentlichung seiner Habilitation *Was ist ein Volk?* (1940) ein Exemplar dem damaligen Chef des Rasse und Siedlungshauptamt (RuSHA) der SS, SS-Gruppenführer (General) Otto Hofmann.[122]

Stengels Beziehungen zu seinen aus dem RuSHA der SS stammenden und im Warthegau, d.h. in Litzmannstadt und Posen [Póznan], tätigen „Kollegen" waren besonders freundschaftlich. Es war vor allem SS-Obersturmbannführer [Stabsoffizier] Fritz Schwalm, RuS Führer beim HSSPF Ostland und seit September 1940 Leiter der Außenstelle der RuSHA der SS und Einwandererzentrale in Litzmannstadt, der sich für einen „Dozent für Rassenkunde" erklärte. Schwalm sollte 1943 bzw. 1944 Stengel u. a. darin behilflich sein, eine Professur an der Reichsuniversität in Posen zu erhalten.[123] So findet sich auch in einem sechsseitigen Brief an Schwalm vom 20. Mai 1944 das gesamte zukünftige Programm Stengels für die Professur in Posen. Drei Hauptunkte lagen ihm dabei am Herzen: „A. Technik der Berufung [...] B. Frage der Benennung des Institutes bzw. Lehrstuhles und seine Einordnung in eine Fakultät [...] C. Gesamtlagebesprechung mit SS-Gruppenführer Turner bzw. SS-Obergruppenführer Hildebrandt."[124] Hinsichtlich des Punktes A wurde folgendes Verfahren von Stengel vorgeschlagen: „Um einen Schritt weiterzukommen und unnötige Widerstände von vornherein auszuschalten ist es daher m.E. nötig 1. daß der Gaudozentenführer Karsten zunächst mit den Dekanen in Posen Verbindung aufnimmt und erst einmal feststellt, welcher Dekan und welche Fakul-

---

[122] BA Berlin, DS/B0042 (Stengel- von Rutkowski), Schreiben vom Chef des RuSHA der SS (Hofmann) an Stengel- von Rutkowski mit der Danksagung für das Buch, 19. Dezember 1940.
[123] BA Berlin, SSO 157B (ehem. BDC; Stengel- von Rutkowski) Schreiben Stengel von Rutkowskis an Schwalm, 20. Mai 1944.
[124] Ebd.

Was ist ein Volk?

Der biologische Volksbegriff

Eine kulturbiologische Untersuchung seiner Definition und seiner Bedeutung für Wissenschaft, Weltanschauung und Politik

Von

Lothar Stengel=von Rutkowski
Dr. med. habil.
Medizinalrat beim Thüring. Landesamt für Rassewesen

2. Auflage

Verlag Kurt Stenger, Erfurt

Titelblatt, 1942

tät (oder welche Dekane und Fakultäten) von sich aus bereit sind, mich auf die Liste des Dreiervorschlages zu setzen. Es kann dann in günstigen Fällen auch erreicht werden, daß neben mir keine weiteren Bewerber genannt werden, so daß aus dem Dreiervorschlag ein Einervorschlag ‚primo et unico loco' wird. [...] 2. daß der SS-Gruppenführer Dr. Turner bzw. SS-Obergruppenführer Hildebrandt beim Reichsführer erreicht, daß dieser a) dem Reichsdozentenführer Prof. Schulze, b) dem Gauleiter Greiser, c) dem Reichserziehungsministerium mitteilt oder mitteilen läßt, er würde Wert darauf legen, daß der in Jena habilitierte Dozent Dr. Stengel von Rutkowski, der seit 1930 der Partei und SS angehört, Sturmbannführer bei der allgemeinen-SS und SS-Hauptsturmführer bei der Waffen-SS ist [...] auf einen ordentlichen Lehrstuhl an der Universität Posen berufen wird [...] Wissenschaftler, die als Grundlage für meine Berufungsposition Gutachten über meine Eignung als Hochschullehrer abgeben, könnte ich in ausreichender Anzahl (Professor Heberer, Jena, Professor Kein, Jena, Astel, Hans F. K. Günther, v. Leers [...] Der frühere Gaustudentenführer von Thüringen, Referendar Kurt Bach [...] hat mir versichert, daß auf Grund seines Einflusses bei der Reichsstudentenführung von dort gegen meine Berufung nach Posen kein Einwand erhoben werden würde eher im Gegenteil."[125] Zum Schluss mahnte er noch eine bessere Verbindung zwischen Astel und dem RuSHA der SS an und setzte sich für eine Beförderung Astels (war Standartenführer der SS) ein.[126]

Auch SS-Obersturmbannführer Walter Dongus, nach Schwalm dann Leiter der Außenstelle des RuSHA der SS in Litzmannstadt und 1944 letzter Chef des Rassenamtes des RuSHA der SS, zählte zum engeren Freundeskreis Stengels (Heinemann 2003).

Vom 1. November 1943 bzw. 5. Januar 1944 wurde Stengel dann zum Führungsamt des RuSHA der SS abkommandiert und seit dem 5. Januar 1944 als Leiter der ärztlichen Haupt-

---

125 Ebd., Unterstreichungen im Orig.
126 Ebd.

abteilung im Heiratsamt des RuSHA der SS (Burghof Kyffhäuser) eingesetzt. Zur Seite standen ihm dabei zwei Stabsärzte der Luftwaffe. Hier erreichte ihn auch einige Monate später ein neuer Auftrag (Hoßfeld & Simunek 2008). Stengel wurde nicht Professor in Posen.

Sippschaftstafel mit **Ahnenblatt** nach **Karl Astel**

Sippschaftstafeln nach Karl Astel Ausgabe A[1] Verkaufspreis **40** Pfg.		Sippschaftstafeln nach Karl Astel Ausgabe B[2] Verkaufspreis **60** Pfg.		Fragebogen zum Ausfüllen der Sippschaftstafel		Ahnenblätter nach Karl Astel Verkaufspreis **15** Pfg.	
1*) Probeexpl.	0.55	1*) Probeexpl.	0,75				
10*) Stck.	3.60	10*) Stck.	5.40	10*) Stck.	0.40	10*) Stck.	1.50
20 ,,	6.—	20 ,,	10.20	20*) ,,	0.60	20*) ,,	2.40
30 ,,	8.70	30 ,,	14.80	30*) ,,	0.80	30*) ,,	3.10
50 ,,	14.20	50 ,,	23.50	50*) ,,	1.40	50*) ,,	4.80
100 ,,	27.25	100 ,,	45.50	100*) ,,	2.40	100 ,,	8.50
250 ,,	66.—	250 ,,	110.—	250*) ,,	4.50	250 ,,	18.60
500 ,,	126.50	500 ,,	210.—	500 ,,	7.50	500 ,,	35.50
1000 ,,	245.—	1000 ,,	405.—	1000 ,,	13.75	1000 ,,	68.50

[1]) Ausgabe A besteht aus 1 Anleitungsmuster, 2 Sippschaftstafel-Vordrucken und 2 Bogen kariertem Papier zum Verlängern.
[2]) Ausgabe B besteht aus 1 Anleitungsmuster, 2 Sippschaftstafel-Vordrucken, 2 Bogen kariertem Papier zum Verlängern und 2 Ahnenblättern.
*) Die mit Stern versehenen Stückzahlen werden portofrei gesandt.

Für behördliche oder wissenschaftliche Erhebungen besteht bei Abnahme größerer Mengen eine Amtsausgabe (1 Anleitungsmuster, 1 Sippschaftstafel-Vordruck und 1 Bogen quadriertes Papier zum Verlängern), außerdem werden an Behörden usw. die Sippschaftstafel-Vordrucke und die Bogen zum Verlängern bei entsprechender Bestellung lose abgegeben. (Preise auf Anfrage.)

Lieferung nur unter Vorauszahlung des Betrages auf Postscheck Leipzig **30250**. Probeexemplar Ausgabe A gegen Voreinsendung von 55 Pfg., Ausgabe B 75 Pfg.

Buchdruckerei Schindler / Weimar 5

Werbeannonce zur „Sippschaftstafel" (Astel 1935)

Epilog

Wie Astel am 13. März 1941 in einem Beitrag der *Brüsseler Zeitung* betonte, sollte die Universität Jena sich von anderen Universitäten unterscheiden. Gezielte Personalpolitik sollte aus der Universität eine NS-Hochschule machen. Dass dabei alle wissenschaftlichen Kriterien umgangen und aus der Personalpolitik eine Klüngelwirtschaft auf höchster politischer Ebene wurde, sagte Astel nicht. Er sprach hochtrabend davon, „wissenschaftliches Neuland fruchtbarer Bearbeitung zu eröffnen und den Anforderungen der Gegenwart im weitestem Maße Rechnung zu tragen."[127]

Neben der Führungsspitze der SS, die Rektor Astel mit anbiedernd, intriganten Briefen überhäufte, gelang es ihm frühzeitig, auch Fritz Sauckel für seine Ziele zu gewinnen. Gern betonte Thüringens Gauleiter seine ehrgeizige Gau-Regionalpolitik, in die eine besondere Stellung und Hervorhebung der Universität gut passte. Er wusste sich auch gegenüber dem Reichsministerium für Wissenschaft, Erziehung und Volksbildung (REM) von Bernhard Rust in Berlin durchzusetzen. Er betrachte es, ebenso wie Astel, als seine „vom Führer gebilligte Aufgabe, die Universität Jena mehr und mehr zu einer wirklich nationalsozialistischen Hochschule" als „Gewähr für ihren Wiederaufstieg" zu gestalten (Februar 1937), gerade in Jena eine „neue, im Nationalsozialismus lebende und aus ihm wirkende Dozentenschaft" aufzubauen (März 1937) und die Universität Jena „zu einem nationalsozialistischen wissenschaftlichen Stützpunkt erster Ordnung" umzugestalten" (März 1943).

---

127 UAJ, Best. BA, Nr. 2029, Bl. 72.

Die schmale Gratwanderung in den Jenaer Naturwissenschaften und der Medizin zwischen „Pseudowissenschaft" und „reiner Wissenschaft" war innerhalb des universitären Prozesses fließend und ist auf den ersten Blick nicht immer erkennbar (Hoßfeld et al. 2003; Hendel et al. 2007). Im biowissenschaftlichen Teilwerk der Thüringer Protagonisten überwog die Sichtweise, sich ganz in die NS-Ideologie zu stellen. Wissenschaftliche Erkenntnisse wurden in diesem Sinne bewertet und entsprechend frisiert. Dabei fühlten sich die Akteure als eine Art verschworene Gemeinschaft, die – Feinde ringsum – ohne Bedenken auf Intrigen, Hinterhalte, Verleumdungen zurückgriff.

Wie hatte doch Astels Assistent Stengel von Rutkowski 1935 in den „Nationalsozialistischen Monatsheften" bemerkt: „Als im Jahre 1930 in Thüringen, der Vorhut der nationalsozialistischen Bewegung, der erste nationalsozialistische Minister, Pg. Frick, die Regierung übernahm, wurde auch die erste Bresche in die Wissenschaft des vergehenden Systems geschlagen. Diese Bresche war die Ernennung Hans F. K. Günthers zum ordentlichen Professor der Universität Jena gegen Protest von Rektor und Senat [...] eine Lehrstuhlbesetzung mit diesem Mann in der kleinen mitteldeutschen Universität Jena war der erste empfindliche und in ganz Deutschland von Freund und Feind registrierte Stoß gegen die gehegten Traditionen und weltanschaulichen Fundamente einer nach jahrhundertelanger unumschränkter Herrschaft morsch gewordenen und Morschheit verbreitenden Wissenschaft, des Zeitalters der Umweltlehre, der Rassenlosigkeit und einer vernünftelnden (intellektualistischen) Spekulation und Verstiegenheit" (Stengel von Rutkowski 1935c: 962).

Der biologische Gedanke wurde in Thüringen/Jena zudem nicht nur nazifiziert, sondern durch die von Astel und von Rutkowski hergestellte Verbindung zur SS auch radikalisiert. Die Thüringer hatten guten Grund, sich vor dem zu fürchten, was in Jena ausgedacht wurde.

Im Thüringischen Landesamt für Rassewesen sowie in der dazugehörigen Außenstelle in Jena wurden selbst keine Sterilisierungen durchgeführt, ebenso fand keine direkte Beteiligung an der Ermordung behinderter Menschen im Rahmen des „Euthanasie"programmes statt. Diese erfolgte in den entsprechenden Thüringer Kliniken und Anstalten (Beleites 2008): „In Thüringen, wo man sofort nach der ‚Machtergreifung' mit Sterilisationen begonnen hatte, rühmte sich Astel, daß bis zum Jahresende 1936 in seinem Bereich 1 Prozent der damals 17–24jährigen ‚durchsterilisiert' worden sei" (Weingart et al. 1988: 471).

Astel und Mitarbeiter verwalteten also akribisch und bürokratisch die gesamten Daten der Opfer, hielten aber in ihren Fortbildungen und Publikationen die Rassenhygieniker, Ärzte usw. an, sich mit diesen „Maßnahmen" vertraut zu machen und diese umzusetzen (Peter 1995, Hoßfeld et al. 2003). Der Historiker Ernst Klee bemerkt hierzu an einem konkreten Beispiel: „'Ein Arzt der thüringischen Anstalt Hildburghausen über einen Besuch des Staatsrates Professor Karl Astel vom thüringischen Innenministerium: ‚Dr. Astel forderte uns Ärzte damals auf, die Euthanasie fortzusetzen. Er erwähnte zwar das Wort ‚Euthanasie' nicht, aus seinen Worten war jedoch deutlich zu erkennen, daß er dies von uns erwartete. Er sagte: ‚Ihr Direktor wird Ihnen sagen, was Sie nunmehr zu tun haben'" (Klee 1997: 341).

Auch hinsichtlich einer Biologisierung der Verbrechensbekämpfung war Astel Vorreiter. So forderte er eine Bekämpfung der Kriminalität mit Sterilisierungen und sogar die „Tötung von Verbrechern, auch wenn sie noch nicht selbst einen Menschen getötet haben" bzw. sah er die Konzentrationslager als rassenhygienische Wohltat an: „Zehntausende von schlimmsten Ballastexistenzen werden auf diese Weise [...] unschädlich gemacht und in beträchtlichem Maße sogar nutzbringend verwendet" (Klee 2001: 59–60).

Die Bedeutung Haeckels und der Einfluss von Plates wissenschaftlichem Werk im späteren NS-Rassedenken sind

AKPR Praha

Gedenkplakette des Reichsstatthalters in Thüringen, Fritz Sauckel

unverkennbar und dabei Jena-Thüringen spezifisch. Die damalige Nazifizierung Haeckels führte dazu, dass er in manchen Nachkriegsstudien bzw. aktuellen Publikationen – u.a. neben Nietzsche und Wagner – noch heute als ideologischer Vater des Nationalsozialismus dargestellt wird (Gasman 1971, 1998; Hawkins 1997; Weikart 2004).

Thüringen war nicht nur „Mustergau", sondern im 20. Jahrhundert eben Vorhut eines umfassenden und einmaligen Konzeptes von Rassismus. Eine kleine Gruppe überzeugter Nationalsozialisten hat die universitäre Freiheit ohne Not an die Nationalsozialisten „verkauft". Dass diese Verbindung von SS, NSDAP etc. zu massiven Veränderungen im wissenschaftlichen Gefüge führte, liegt auf der Hand. Die Masse von Astels Kollegen verhielt sich passiv. Bis 1933 waren alle oppositionellen Stimmen verstummt. Astel lieferte schließlich ab Mitte der 1930er-Jahre ohne jede Not die Universität an die SS aus. Dabei versprach er sich auch persönliche Vorteile wie seinen Einfluss und Ruhm zu mehren und die Universität im Rahmen eines „Züchtungsprogramms" einzubinden. Dass diese „Züchtung" eines neuen Menschen massive Auswirkungen auf jeden Bewohner haben würde, steht außer Frage.

Anhang

Ausgewählte Dokumente

1. *Gutachten des Rassenhygienikers Alfred Ploetz über Günther*[128]

„Sie wünschen ein kurzes Urteil über die Eignung des Herrn Dr. Hans Günther zu einer Dozentur für ‚Rassenkunde und Eugenik' oder ‚Anthropologie'. Ich muss offen gestehen, dass mir G.`s erste Veröffentlichungen in manchen Beziehungen unwissenschaftlich und übertrieben vorkamen. Allein je weiter er in seiner nunmehr etwa 10-jährigen wissenschaftlichen Tätigkeit kam, desto ernster, gründlicher und kritischer wurden seine [1] Arbeiten, so dass er jetzt den Vergleich mit einer Reihe von anerkannten Wissenschaftlern auf seinem Gebiet durchaus nicht mehr zu scheuen braucht. Da er ein fleissiger Arbeiter und noch jung genug ist, um weiter ausreifen zu können, [...] glaube ich, von ihm noch eine fruchtbare Entwicklung [zu] erwarten, wenn ihm die Möglichkeit eines gesicherten Wirkens verschafft würde. Ich möchte somit die Frage, ob G. für den in Aussicht genommenen Lehrstuhl geeignet ist, bejahen. Bitte gestatten Sie mir, zu der Frage dieses Lehrstuhls noch zwei Bemerkungen zu machen. Es wäre möglich, dass der Lehrstuhl nicht nur geschaffen wurde, um eine Lücke im Lehrplan auszufüllen, sondern auch um Herrn Dr. G. ein Wirkungsfeld zu schaffen. Sollte dies nicht der Fall sein, so möchte ich auf Professor Lenz aufmerksam machen, der mir noch geeigneter erscheint als G. Lenz hat an der Universität München eine a.o. Professur für ‚Rassenhygi-

---

128 Vgl. UAJ, N, Nr. 46/1, Brief (handschriftlich) vom 16.3.1930, Bl. 143–145.

ene' inne, die er, soweit seine kärglichen Mittel reichen, mustergültig ausfüllt. [2] Sodann möchte ich mir erlauben, noch ein paar Worte zu sagen über die Bezeichnung des Lehrstuhles. Aus Ihren Zeilen geht hervor, dass man in Bezug darauf noch nicht entschlossen ist. Es ist wohl kein Zweifel, dass G. für das, was heute als Anthropologie im eigentlichen (engeren) Sinne (Martin, Mollison, Schlaginhaufen u. and.) betrieben wird, nicht so vorgebildet ist, als für die Auswertung des angehäuften Mess- und sonstigen Beobachtungs-Materials für eine Sozialanthropologie und Rassenhygiene. Das ist ein so ausserordentlich weites Gebiet, dass es meiner Meinung nach heute nicht mehr gleichzeitig mit der engeren Anthropologie erfolgreich betrieben werden kann. Ich würde deshalb die Bezeichnung des Lehrstuhls mit dem Namen ‚Sozialanthropologie und Rassenhygiene' für vorteilhafter halten. Es entspricht so ziemlich dem bisherigen Betätigungsfeld des Herrn Dr. G., drängt ihn höchstens zu seinem Vorteil etwas ab nach der Erbgesundheitslehre. Man könnte auch den Lehrstuhl nur mit dem Wort ‚Rassenhygiene' bezeichnen, wie [3] man es in München getan hat. Das wäre dann ein weiterer Schritt in der Richtung der Erfüllung der Forderung, die Ernst Kräpelin seiner Zeit auf der Hochschullehrertagung in Jena aufstellte, dass jede deutsche Universität ihren Lehrstuhl für ‚Rassenhygiene' haben müsste. Ich möchte noch darauf hinweisen dass die grosse Julius Klaus-Stiftung in Zürich unter der Flagge ‚Sozialanthropologie – Rassenhygiene' weht. Die gleichmässige Bezeichnung der in Betracht kommenden Lehrstühle in Deutschland würde auch eher einen geeigneten Nachwuchs ermöglichen."

2. Gutachten des Eugenikers Fritz Lenz über Günther[129]

„[...]
Für eine derart aufgefasste Anthropologie oder, was dasselbe ist, ‚Rassenkunde und Eugenik' gäbe es nun mehrere zweifellos besser qualifizierte Anwärter als Günther. Da ich indessen nach solchen nicht gefragt worden bin, sehe ich davon ab solche zu nennen. Die Frage ist wohl nur die, ob gerade Günther als so weit qualifiziert angesehen werden könne, dass seine Betrauung mit einer anthropologischen Professur verantwortet werden könnte. Diese Frage ist meines Erachtens immerhin wohl zu bejahen. Günther hat zwar eigene Forschungen oder gar Entdeckungen weder auf dem Gebiet der Rassenkunde noch auf dem der Eugenik aufzuweisen. Er hat aber die Forschungen anderer in einer Reihe wertvoller Bücher geschickt zusammengefaßt und dargestellt. Die ersten Auflagen [3] seiner ‚Rassenkunde des deutschen Volkes' waren zwar recht dilettantisch. Von den späteren Auflagen kann man das aber nicht mehr sagen. Im Laufe von zehn Jahren intensiven Studiums hat er sich recht solide Fachkenntnisse erworben. Dass er zum Teil Hypothesen als sichere Erkenntnisse ansieht, wird man ihm nicht zu sehr verargen dürfen. Das ist bei anderen ‚Anthropologen' auch nicht anders. Es gibt anerkannte ‚Anthropologen', die weniger klar sehen als Günther. Günther hat auch die Bedeutung der Eugenik für die Zukunft unseres Volkes und unserer Kultur in ihrer ganzen Tragweite erfasst. Und das kann man bisher leider nur von sehr wenigen Gelehrten sagen. Dass die thüringische Regierung die Errichtung einer Professur für ‚Rassenkunde und Eugenik' beabsichtigt, ist ausserordentlich dankenswert. Meines Erachtens ist die Errichtung solcher Professuren das dringendste Gebot der Zeit [...] Ein grosser Teil der bestehenden Professuren ist lange nicht so wichtig. Wenn, wie ich fast glaube vermuten zu müssen, die Alterna-

---

129 Ebd., Brief (handschriftlich) vom 8. März 1930, Bl. 137–138.

tive besteht: entweder eine rassenkundlich = eugenische Professur für Günther oder überhaupt keine solche Professur, so wäre es meines Erachtens nicht zu verantworten, wegen der nicht ganz befriedigenden Qualifikation Günthers auf die neue Professur überhaupt zu verzichten."

3. Sondergutachten des Zoologen Ludwig Plate zur Günther-Berufung

„Durchschlag für die Akten der math. nat. Fakultät.[130]
Jena, den 21. März 1930
Sondergutachten von Professor Plate zur Berufung von Dr. H. Günther.
[...]

Zusammenfassend möchte ich mein Urteil dahin abgeben:
Ich halte G. für einen bedeutenden Gelehrten, der teils mit intuitiven Blick, teils auf Grund vieler anthropologischer Beobachtungen und sehr umfassender Literaturstudien die Rassenkunde des deutschen Volkes und einiger anderer Völker aufgeklärt hat. Er hat das grosse Verdienst, Tausenden den Blick für Rassenunterschiede geöffnet und ihnen zur Erkenntnis gebracht zu haben, dass wir Deutsche stolz sein sollen auf unser Erbgut und es vor Überfremdung und Vermischung mit minderwertigeren Anlagen behüten müssen. Es ist daher als ein grosses Glück anzusehen, dass wir einen [sic] solchen Gelehrten von Weltruf die Pflege des Germanischen Museums und den akademischen Unterricht in der Vorgeschichte und Rassenkunde anvertrauen können. Es ist geradezu erstaunlich, wie gross das Interesse weitester Kreise unseres Volkes für diese Gebiete ist. Umso mehr haben die Universitäten die Pflicht, in dieser Richtung füh-

---

130 Handschriftlich.

rend voran zugehen, damit nicht irrige oder überspannte Anschauungen aufkommen und um sich greifen. Es wird den deutschen Universitäten nicht ganz mit Unrecht vorgeworfen, dass sie mit zu engem Horizont nur an die Fachaufgaben denken und die geistigen Bedürfnisse und Strömungen weiter Kreise nicht genügend beachten. Die Rassenkunde mit ihren eugenischen Auswirkungen ist zweifellos ein solches Gebiet, und es könnte das Ansehen unserer Universität nur heben, wenn G. in sie eintreten würde. Einem Mann von seiner Bedeutung kann man nicht [7] zumuten, sich noch zu habilitieren, es muss ihm mindestens die Berufung in eine ausserordentliche Professur angeboten werden. Ich bin überzeugt, dass die Thüringische Regierung unserer Universität, der Wissenschaft und unserem Volke einen grossen Dienst erweisen würde, wenn sie Herrn Dr. Günther einen solchen Ruf verschaffen würde.[131]

Zu weiteren Auskünften und zur Vorlage der Originalbriefe bin ich jederzeit bereit.

Dem vorstehenden Gutachten schliessen sich von der mathematisch-naturwissenschaftlichen Fakultät noch an:"[132]
Stegmann (Tierzucht)
W. Schneider (Chemiker)
R. Haußner (Mathematiker) laut Mitteilung".

---

131 Hervorhebung durch den Verfasser.
132 Plate fügte handschriftlich diese Namen hinzu.

4. Gründungsaufruf[133] für die Ernst-Haeckel-Gesellschaft

ERNST-HAECKEL-GESELLSCHAFT
Jena, Berggasse 7
Gegründet 1. Januar 1942
Schirmherr: Reichsstatthalter in Thüringen Gauleiter Fritz Sauckel

Der Wunsch nach gegenseitiger Fühlungnahme und Orientierung wird von Anhängern Ernst Haeckels und Besuchern des Ernst-Haeckel-Hauses in Jena oft empfunden und ausgesprochen. Die Anregung zur jetzigen Gründung einer ERNST-HAECKEL-GESELLSCHAFT ging insbesondere von einem langjährigen Haeckel-Verehrer aus, der einen namhaften Betrag beisteuerte, und vom Leiter des Ernst-Haeckel-Hauses zu Jena.

Die Ernst-Haeckel-Gesellschaft will das Gedächtnis des bahnbrechenden Naturforschers, des Kämpfers und aufrechten deutschen Bekenners, des begeisterten Schönheitssuchers der Natur, dessen Namen sie führt, pflegen und seine wesentlichen Forschungsergebnisse gegenüber Vorurteilen wahren – darüber hinaus aber die Ergebnisse naturwissenschaftlicher Biologie, zu deren vornehmlichsten Begründern Ernst Haeckel gehört, verbreiten. Sie will ferner alle diejenigen vereinigen und sammeln, die sich in ihrer Stellung zu Natur, Welt und Gott dem wahren Geiste Haeckels verwandt fühlen.

Die Ernst-Haeckel-Gesellschaft ist kein wiederauflebender „Deutscher Monistenbund", der sich in Einstellung und Niveau immer weiter von Haeckel entfernte. Sie beabsichtigt auch keinen unsachlichen Persönlichkeitskult. Sie will aber zu ihrem Teil dazu beitragen, daß das Bleibende an Erkenntnissen und Werten in Ernst Haeckels Lebenswerk als Grundsteines naturwissenschaftlichen Weltbildes allgemein

---

133 Ebd.; vgl. ebenso UAJ, Best. A, Abt. X, Nr. 17.

anerkannt und das Wissen um sie in immer weiteren Kreisen verbreitet wird.

Als vornehmlichstes Mittel zu den genannten Zielen ist ein Ernst-Haeckel-Jahrbuch beabsichtigt, dessen erster Band in Vorbereitung ist. Es wird Abhandlungen bringen über Haeckels Persönlichkeit, über sein Lebenswerk und dessen heutige Geltung; ferner allgemeinverständliche wissenschaftliche Berichte über neuzeitliche Forschungen, die im Sinne grundlegend gewordener Haeckelscher Anschauungen weiterarbeiten oder auf ihnen aufbauen. Auch wird es Auskunft geben über die jeweilige Tätigkeit des Ernst-Haeckel-Hauses. Beiträge sachkundiger Mitarbeiter stehen schon jetzt für das Jahrbuch teils zur Verfügung, teils in Aussicht.

Späteren Entschließungen bleibt die Entscheidung über etwaige weitere Ziele vorbehalten, wie z.b. die Förderung einschlägiger wissenschaftlicher Untersuchungen.

Seien Sie, der Empfänger dieses Aufrufes, eingeladen, die Mitgliedschaft und Mitbegründerschaft der Ernst-Haeckel-Gesellschaft zu erwerben. Wer auf dem Boden klarer naturwissenschaftlicher Anschauungen steht und in Ernst Haeckel einen ihrer hervorragendsten Begründer und Vertreter sieht, wird hier nicht fernbleiben, sondern mitwirken wollen. Versuchen Sie auch weitere Mitglieder zu werben.

Förderer der Gesellschaft: Staatsrat Professor Dr. K. Astel, Präsident des Thüringischen Landesamts für Rassewesen in Weimar, Leiter des Staatlichen Gesundheitswesens in Thüringen, Rektor der Friedrich-Schiller-Universität in Jena; Dr. med. A. Bannier, Stolp

Der Vorsitzende: Professor Dr. V. Franz, Direktor des Ernst-Haeckel-Hauses und Instituts für Geschichte der Zoologie der Universität Jena

Beirat: [Es folgen weitere Namen]

Literatur

Adams, M. B. (1990): The Wellborn Science: Eugenics in Germany, France, Brazil, and Russia. New York/ Oxford: OUP.

Astel, K. & E. Weber (1939a): Die unterschiedliche Fortpflanzung. Untersuchung über die Fortpflanzung von 12000 Beamten und Angestellten der Thüringischen Staatsregierung. München/Berlin: J. F. Lehmanns.

Astel, K. & E. Weber (1939b): Die unterschiedliche Fortpflanzung. Untersuchung über die Fortpflanzung von 14000 Handwerksmeistern und selbständigen Handwerkern Mittelthüringens. München/Berlin: J. F. Lehmanns.

Astel, K. & E. Weber (1943): Die Kinderzahl der 29000 politischen Leiter des Gaues Thüringen der NSDAP und die Ursachen der ermittelten Fortpflanzungshäufigkeit. Berlin: Alfred Metzner.

Astel, K. (1933): Die Sippschaftstafel und eine Anleitung zu ihrer Anfertigung. Volk und Rasse 8: 245–248.

Astel, K. (1935): Rassendämmerung und ihre Meisterung als Schicksalsfrage der weißen Völker. Nationalsozialistische Monatshefte 6: 194–215.

Astel, K. (1937): Die Aufgabe. Jenaer Akademische Reden, Heft 24, Jena.

Astel, K. [Hg.] (1935): Rassekurs in Egendorf: ein rassehygienischer Lehrgang des Thüringischen Landesamtes für Rassewesen. München: J. F. Lehmanns.

Becker, P. E. (1990): Sozialdarwinismus, Rassismus, Antisemitismus und Völkischer Gedanke. Wege ins Dritte Reich, Teil II. Stuttgart-New York: Georg Thieme.

Beleites, E. [Hg.] (2008): Menschliche Verantwortung gestern und heute. Schriftenreihe der Landesärztekammer Jena – Bd. 4. Kranichfeld: Hahndruck.

Bescherer, J. (1940): Das Kirchspiel Stünzhain. Ein Beitrag zur Rassenkunde und Sozialanthropologie Ostthüringens. Jena: Gustav Fischer.

Böker, H. (1935): Artumwandlung durch Umkonstruktion, Umkonstruktion durch aktives Reagieren der Organismen. Acta Biotheoretica 1, Ser. A: 17–32.

Böker, H.: Einführung in die vergleichende Anatomie der Wirbeltiere. Biologische Anatomie der Ernährung. Band 2. Jena: Gustav Fischer 1937.

Bölsche, W. (1934): Haeckel als Erlebnis. Der Biologe 3 (2): 34–38.

Breiling, R. (1971): Die nationalsozialistische Rassenlehre: Entstehung, Ausbreitung, Nutzen und Schaden einer politischen Ideologie. Meisenheim am Glan: Hain.

Brücher, H. (1936): Ernst Haeckels Bluts- und Geisteserbe. Eine kulturbiologische Monographie. Mit einem Geleitwort von Präsident Prof. Dr. K. Astel. München: J. F. Lehmanns.

Brücher, H. (1941): Okkultismus in der Naturforschung. Der Biologe 10 (7/8): 265–266.

Danckwortt, B.; T. Querg & C. Schöningh; W. Wippermann [Hrsg.] (1995): Historische Rassismusforschung: Ideologen, Täter, Opfer. Berlin: Argument-Verlag.

Franz, V. (1907): Die Welt des Lebens in objektiver, nichtanthropozentrischer Betrachtung. Leipzig: J. A. Barth.

Franz, V. (1911a): Was ist ein „höherer Organismus"? Biologisches Zentralblatt 31: 1–21, 33–41.

Franz, V. (1911b): Über den Begriff der Vervollkommnung. Politisch-anthropologische Revue 10: 363–378.

Franz, V. (1920): Die Vervollkommnung in der lebenden Natur. Jena: Gustav Fischer.

Franz, V. (1931): Die sogenannte Vervollkommnung in der Stammesgeschichte und Goethe's Äußerungen zu diesem Problem. Der Naturforscher 8 (5): 145–151.

Franz, V. (1934a): Das heutige geschichtliche Bild von Ernst Haeckel. Rede bei der Gedächtnisfeier der Universität Jena zu Haeckels 100. Geburtstag in der Aula der Universität gehalten am 16. Februar 1934. Jena: Gustav Fischer.

Franz, V. (1934b): Das Göttliche im Gottesverneiner. Völkischer Beobachter, Norddeutsche Ausgabe, Ausgabe 47, S. 9, 16. Februar.

Franz, V. (1935a): Der biologische Fortschritt. Die Theorie der organismengeschichtlichen Vervollkommnung. Jena: Gustav Fischer.

Franz, V. (1935b): Der Naturforscher Heinrich Schmidt. Natur und Geist 3 (6): 164–166.

Franz, V. (1936a): Über Höherentwicklung. Natur und Geist 4 (1): 4–11.

Franz, V. (1936b): Aufsteigende Entwicklung. Rasse 3: 61–76.

Franz, V. (1936c): Haeckel im neuen Deutschland. Natur und Geist 4 (10): 289–299.

Franz, V. (1937a): Die Fortschritts- und Vervollkommnungstheorie, der Aufbau auf Haeckels Stammesgeschichte. Archiv für Rassen- und Gesellschafts-Biologie 31: 281–295.

Franz, V. (1937b): Entwicklungsgeschichtliche Vervollkommnung und Rassenpflege. Rasse 4: 257–267.

Gasman, D. (1971): The Scientific Origin of National Socialism: Social Darwinism in Ernst Haeckel and the German Monist League. New York: American Elsevier Inc.

Gasman, D. (1998): Haeckel`s Monism and the Birth of Fascist Ideology. Frankfurt a.M.: P. Lang.

Geulen, Ch. (2007): Geschichte des Rassismus. München: C. H. Beck.

Glad, J. (2010): Jewish Eugenics, Washington-London-Tel Aviv: Wooden Shore.

Goldschmidt, R. (1959): Erlebnisse und Begegnungen. Hamburg: Paul Parey.

Greite, W. (1939): Aufbau und Aufgaben des Reichsbundes für Biologie. Der Biologe 8 (7/8): 233–241.

Grimm H, (1943/44): Einige Ergebnisse anthropologischer Untersuchungen von Dr. Reimer Schulz (†) in Nordalbanien. Anthropologischer Anzeiger 19 (1/2): 54–58.

Groschopp, H. (1997): Dissidenten. Berlin: Dietz Verlag.

Groß, W. (1936): Drei Jahre rassenpolitische Aufklärungsarbeit. Volk und Rasse 11: 331–338.

Günther, H. F. K. (1922): Rassenkunde des deutschen Volkes. 1. Aufl., München: J. F. Lehmanns (1933 – 16. Aufl.).

Günther, H. F. K. (1927): Der Nordische Gedanke unter den deutschen. 2. Aufl., München: J. F. Lehmanns.

Günther, H. F. K. (1969): Mein Eindruck von Adolf Hitler. Pähl: Franz von Bebenburg.

Günther, M. (1982): Die Institutionalisierung der Rassenhygiene an den deutschen Hochschulen vor 1933. Dissertation. Mainz.

Haeckel, E. (1921a): Entwicklungsgeschichte einer Jugend. Briefe an die Eltern 1852/1856. Eingeleitet von Heinrich Schmidt. Leipzig: Verlag von K. F. Koehler.

Haeckel, E. (1921b): Italienfahrt. Briefe an die Braut 1859/60. Eingeleitet von Heinrich Schmidt. Leipzig: Verlag von K. F. Koehler.

Haeckel, E. (1923a): Von Teneriffa bis zum Sinai. Reiseskizzen. Leipzig: Alfred Kroener.

Haeckel, E. (1923b): Berg- und Seefahrten 1857/1883. Leipzig: Verlag von K. F. Koehler.

Haeckel, E. (1924): Gemeinverständliche Werke. Herausgegeben von H. Schmidt. Bd. 1-6. Leipzig/Berlin: Alfred Kröner, Carl Henschel Verlag.

Haeckel, W. (1934): Ernst Haeckel und die Gegenwart. Der Biologe 3 (2): 33-34.

Harten, H.-C., U. Neirich & M. Schwerendt (2006): Rassenhygiene als Erziehungsideologie des Dritten Reichs. Bio-bibliographisches Handbuch. Berlin: Akademie-Verlag.

Hawkins, M. (1997): Social Darwinism in European and American Thought 1860-1945, Cambridge: Cambridge University Press.

Heberer, G. (1937): Rassenforschung. Jahreskurse für ärztliche Fortbildung 28: 9-20.

Heberer, G. (1939a): Mitteldeutschland als vorgeschichtliches Rassenzentrum. Der Biologe 8: 48-53.

Heberer, G. (1939b): Die mitteldeutschen Bandkeramiker. Ein weiterer Beitrag zur Rassengeschichte der jüngeren Steinzeit. Mitteldeutsche Volkheit 6: 98-107.

Heberer, G. (1939c): Stammesgeschichte und Rassengeschichte des Menschen. Jahreskurse für ärztliche Fortbildung 30: 41-56.

Heberer, G. (1943): Rassengeschichtliche Forschungen im indogermanischen Urheimatgebiet. Jena: Gustav Fischer.

Hecht, G. (1937): Biologie und Nationalsozialismus. Zeitschrift für die gesamte Naturwissenschaft 3: 280-290.

Heiden, D. & G. Mai [Hrsg.] (1995): Nationalsozialismus in Thüringen, Weimar: Böhlau.

Heinemann, I. (2003): Rasse, Siedlung, deutsches Blut. Das Rasse- und Siedlungshauptamt der SS und die rassenpolitische Neuordnung Europas. Göttingen: Wallstein.

Hellwig, H. (1937/38): Jenaer Studentenhandbuch. Jena: Frommannsche Buchandlung.

Hendel, J.; Hoßfeld, U.; J. John; O. Lemuth & R. Stutz [Bearb.] (2007): Wege der Wissenschaft. Dokumente zur Universität Jena im Nationalsozialismus. Stuttgart: Franz Steiner.

Hohmann, J. S. (1995): Thüringens „Rhön-Plan" als Beispiel nationalsozialistischer Agrar-und Rassenpolitik. In: Heiden, D. & G. Mai, Hrsg. (1995), S. 293-312.

Hoßfeld, U. & C.-G. Thornström (2002): „Rasches Zupacken" - Heinz Brücher und das botanische Sammelkommando der SS nach Rußland 1943. In: S. Heim [Hg.], Autarkie und Ostexpansion. Pflanzenzucht und Agrarwissenschaft im Nationalsozialismus. Wallstein, Göttingen, S. 119-144.

Hoßfeld, U. & T. Junker (2003): Anthropologie und Synthetischer Darwinismus im Dritten Reich: Die Evolution der Organismen (1943). Anthropologischer Anzeiger 61: 85-114.

Hoßfeld, U. &. M. Simunek (2008): Die Kooperation der Friedrich-Schiller-Universität Jena und der Deutschen Karls-Universität Prag im Bereich der „Rassenlehre", 1933-1945. Buchreihe „Thüringen gestern & heute", Bd. 32, Landeszentrale für politische Bildung, Erfurt.

Hoßfeld, U. (1997): Gerhard Heberer (1901-1973) - Sein Beitrag zur Biologie im 20. Jahrhundert. Berlin: VWB.

Hoßfeld, U. (1999a): Die Jenaer Jahre des „Rasse-Günther" von 1930 bis 1935. Zur Gründung des Lehrstuhls für Sozialanthropologie an der Universität Jena. Medizinhistorisches Journal 34 (1): 47-103.

Hoßfeld, U. (1999b): Das botanische Sammelkommando der SS nach Rußland 1943 oder: Ein Botaniker auf Abwegen. Verhandlungen zur Geschichte und Theorie der Biologie 3: 291-312.

Hoßfeld, U. (2002a): 'Konstruktion durch Umkonstruktion' - Hans Bökers vergleichende biologische Anatomie der Wirbeltiere. Verhandlungen zur Geschichte und Theorie der Biologie 9: 149-169.

Hoßfeld, U. (2002b): Von rechnenden Pferden und denkenden Hunden. Die Kontroverse der Jenenser Biologen Otto Renner (1883–1960) und Ludwig Plate (1862–1937) um zahlensprechende Tiere. In: J. Schulz (Hg.), Fokus Biologiegeschichte. Zum 80. Geburtstag der Biologiehistorikerin Ilse Jahn, Berlin, Akadras, S. 111–124.

Hoßfeld, U. (2004): Rassenphilosophie und Kulturbiologie im eugenischen Diskurs: Der Jenaer Rassenphilosoph Lothar Stengel von Rutkowski. In: K.-M. Kodalle [Hg.], Homo perfectus? Behinderung und menschliche Existenz. Kritisches Jahrbuch für Philosophie, Beiheft 5, S. 77–92.

Hoßfeld, U. (2005a): Geschichte der biologischen Anthropologie. Stuttgart: Franz Steiner Verlag.

Hoßfeld, U. (2005b): Haeckels „Eckermann": Heinrich Schmidt (1874–1935). In: Steinbach, M. & S. Gerber [Hrsg.]: „Klassische Universität" und „akademischen Provinz". Die Universität Jena von der Mitte des 19. bis in die 30er Jahre des 20. Jahrhunderts. Verlag Dr. Bussert & Stadeler, Jena, S. 270–288.

Hoßfeld, U. (2005c): Nationalsozialistische Wissenschaftsinstrumentalisierung: Die Rolle von Karl Astel und Lothar Stengel von Rutkowski bei der Genese des Buches Ernst Haeckels Bluts- und Geistes-Erbe (1936). In: Krauße, E. (Hg.): Der Brief als wissenschaftshistorische Quelle. Berlin, VWB-Verlag, S. 171–194.

Hoßfeld, U. (2006): „Rasse"-Bilder in Thüringen, 1863–1945. Blätter zur Landeskunde Thüringen – Nr. 63, Landeszentrale für Politische Bildung Erfurt.

Hoßfeld, U. (2007): Religion und Rasse - Rasse und Religion? In: Deines, R.; V. Leppin & K.-W. Niebuhr [Hrsg.]: Walter Grundmann. Ein Neutestamentler im Dritten Reich. zgl. Arbeiten zur Kirchen- und Theologiegeschichte, EVA Leipzig, S. 167–190.

Hoßfeld, U. (2012): Biologie und Politik. Die Herkunft des Menschen. Erfurt: Landeszentrale für Politische Bildung, 2. Aufl.

Hoßfeld, U., J. John & R. Stutz (2003): Weaving networks: The university of Jena in the Weimar Republic, the Third Reich and the postwar East German state. In: M. Walker [ed.], Science and Ideology: A Comparative History. Routledge, London and New York, S. 186–226.

Hoßfeld, U.; J. John, R. Stutz & O. Lemuth [Hrsg.] (2003): „Kämpferische Wissenschaft". Studien zur Universität Jena im Nationalsozialismus. Köln: Böhlau.

Hoßfeld, U.; J. John, R. Stutz & O. Lemuth [Hrsg.] (2005): „Im Dienst an Volk und Vaterland". Die Jenaer Universität in der NS-Zeit. Köln: Böhlau.

Jensen, B. (1995): Karl Astel – „Ein Kämpfer für deutsche Volksgesundheit". In: B. Danckwortt et al. [Hrsg.], Historische Rassismusforschung: Ideologie, Täter, Opfer. Argument Verlag, Berlin, S. 152–178.

Junker, T. & U. Hoßfeld (2002): The architects of the evolutionary synthesis in national socialist Germany: science and politics. Biology and Philosophy 17 (2): 223–249.

Kaiser, S. (2013): Tradition or change? Sources of body procurement for the Anatomical Institute of the University of Cologne in the Third Reich. Journal of Anatomy 223: 410–418.

Keiter, F. (1938–40): Rasse und Kultur. Stuttgart: F. Enke.

Kevles, D. J. (1985): In the Name of Eugenics. Genetics and the Uses of Human Heredity. New York: Knopf.

Klee, E. (1997): „Euthanasie" im NS-Staat. Die „Vernichtung lebensunwerten Lebens". Frankfurt/M.: Fischer-Taschenbuch-Verlag.

Klee, E. (2001): Deutsche Medizin im Dritten Reich. Karrieren vor und nach 1945. Frankfurt a.M.: S. Fischer.

Kloos, G. (1941): Anleitung zur Intelligenzprüfung und ihrer Auswertung. Jena: Gustav Fischer.

Krauße, E. & U. Hoßfeld (1999): Das Ernst-Haeckel-Haus in Jena. Von der privaten Stiftung zum Universitätsinstitut

(1912–1979). Verhandlungen zur Geschichte und Theorie der Biologie 3: 203–232.

Kreft, G. & U. Hoßfeld (2005): „Er sah übrigens aus wie ein Gorilla." In der Begegnung mit dem Neurologen Ludwig Edinger wurde der Zoologe Victor Franz zum Antisemiten. In: G. Kreft, Deutsch-jüdische Geschichte und Hirnforschung. Ludwig Edingers Neurologisches Institut in Frankfurt am Main. Mabuse-Verlag, Frankfurt am Main, S. 347–407.

Kühl, S. (1997): Die Internationale der Rassisten. Frankfurt a.M.: Campus.

Lehmann, E. (1934): Zum 70. Geburtstag des Verlegers J. F. Lehmann. Der Biologe 3 (12): 305–307.

Levit, G.; K. Meister & U. Hoßfeld (2005): Alternative Evolutionstheorien. In: U. Krohs & G. Toepfer [Hrsg.]: Philosophie der Biologie: Eine Einführung. Suhrkamp, Frankfurt a. M., S. 267–286.

Levit, G. & U. Hoßfeld (2006): The Forgotten "Old-Darwinian" Synthesis: The Theoretical System of Ludwig H. Plate (1862–1937). Internationale Zeitschrift für Geschichte und Ethik der Naturwissenschaft, Technik und Medizin (NTM), N.S. 14 (1): 9–25.

Levit, G.; K. Meister & U. Hoßfeld (2008): Alternative Evolutionary Theories: A Historical Survey. Journal of Bioeconomics 10 (1): 71–96.

Lutzhöft, H.-J. (1971): Der Nordische Gedanke in Deutschland 1920–1940. Stuttgart: Klett.

Mann, G. (1973): Biologismus im 19. Jahrhundert. Stuttgart: F. Enke.

Matthes, Ch. (2011): Finanzier, Förderer, Vertragspartner. Die Universität Jena und die optische Industrie (1886–1971). Dissertation, Jena.

Merkenschlager, F. & K. Saller (1934): Ofnet. Wanderungen zu den Mälern am Weg der deutschen Rasse. Berlin: Kurt Wolff.

Merkenschlager, F. (1927): Götter, Helden und Günther. Eine Abwehr der Güntherschen Rassenkunde. Nürnberg: Spindler.

Merkenschlager, F. (1933): Rassensonderung, Rassenmischung, Rassenwandlung. Berlin: W. Hoffmann.

Merki, C. M. (1998): Die nationalsozialistische Tabakpolitik. Vierteljahrshefte für Zeitgeschichte 46 (1): 19–42.

Paudler, F. (1924): Die hellfarbigen Rassen und ihre Sprachstämme, Kulturen und Urheimaten. Heidelberg: Carl Winter.

Peter, A. (1995): Das Thüringische Landesamt für Rassewesen. In: Heiden, D. & G. Mai, Hrsg. (1995), S. 313–332.

Plate, L. (1935): Kurze Selbstbiographie. Archiv für Rassen- und Gesellschafts-Biologie 29: 84–87.

Preuß, D.; U. Hoßfeld & O. Breidbach [Hrsg.] (2006): Anthropologie nach Haeckel. Stuttgart: Franz Steiner.

Puschner, U. & C. Vollnhals [Hrsg.] (2012): Die völkisch-religiöse Bewegung im Nationalsozialismus. Göttingen: Vandenhoeck & Ruprecht.

Reche, O. & B. K. Schultz (1933): Aus Rassenhygiene und Bevölkerungspolitik: Errichtung eines Landesamtes für Rassewesen in Thüringen. Volk und Rasse 8 (4): 155.

Reiß, C.; U. Hoßfeld, L. Olsson, G. S. Levit & O. Lemuth (2008): Das autobiographische Manuskript des Entwicklungsbiologen Julius Schaxel (1887–1943) vom 24. Juli 1938 – Versuch einer Kontextualisierung. Annales of the History and Philosophy of Biology 13 (2008): 3–51.

Saller, K. (1934a): Die Ursprungsformen der deutschen Rassen. Anatomischer Anzeiger 77: 321–356.

Saller, K. (1934b): Der Weg der deutschen Rasse. Leipzig: Felix Meiner.

Saller, K. (1961): Die Rassenkunde des Nationalsozialismus in Wissenschaft und Propaganda. Darmstadt: Progress.

Schaxel, J. (1929): Menschen der Zukunft. Jena: Urania.

Schmidt, H. (1912a): Wörterbuch der Biologie. Leipzig: A. Kröner.

Schmidt, H. (1912b): Philosophisches Wörterbuch. Leipzig: A. Kröner.

Schmidt, H. (1918): Geschichte der Entwicklungslehre. Leipzig: A. Kröner.

Schmidt, H. (1926) Ernst Haeckel. Leben und Werke. Berlin: Deutsche Buch-Gemeinschaft.

Schmidt, H. (1931): Harmonie. Versuch einer monistischen Ethik. Dresden: Verlag C. Reissner.

Schmidt, H. (1934): Ernst Haeckel. Denkmal eines großen Lebens. Jena: Frommann.

Schultz, B. K. (1936): Das Indogermanenproblem in der Anthropologie, in: H. Arntz (Hg.): Hirt-Festschrift. 2 Bde., Heidelberg, S. 277–286.

Schultze-Naumburg, P. (1928): Kunst und Rasse. München: J. F. Lehmanns.

Schultze-Naumburg, P. (1941): Hans F. K. Günther zum 50. Geburtstage. Volk und Rasse 16 (2): 21–2.

Simon, J. (2001): Kriminalbiologie und Zwangssterilisation. Eugenischer Rassismus 1920–1945. Münster: Waxmann.

Simunek, M. & U. Hoßfeld (2011): Von der Eugenik zur Rassenhygiene – der tödliche Mythos vom „erbgesunden Volk". Dresdner Hefte 108: 57–65.

Steche, O.; E. Stengel & M. Wagner (1942): Lehrbuch der Biologie für Oberschulen und Gymnasium. Leipzig: Verlag von Quelle und Meyer.

Stengel von Rutkowski, L. (1933): Rasse und Geist. Nationalsozialistische Monatshefte 4: 86–90.

Stengel von Rutkowski, L. (1935a): Der Weg zur lebensgesetzlichen Schule. Volk und Rasse 10: 163–169.

Stengel von Rutkowski, L. (1935b): Historische Genealogie oder züchterische Familienkunde. Volk und Rasse 10: 41–49.

Stengel von Rutkowski, L. (1935c): Hans F. K. Günther der Programmatiker des Nordischen Gedankens. Teil 1, Nationalsozialistische Monatshefte 6: 962–997.

Stengel von Rutkowski, L. (1940): Zur Frage der Willensfreiheit vom Standpunkt der Kulturbiologie. Teil 1. Der Biologe 9: 213–221.

Stengel von Rutkowski, L. (1941): Zur Frage der Willensfreiheit vom Standpunkt der Kulturbiologie. Teil 2. Der Biologe 9: 73–79.

Stutz, R. & U. Hoßfeld (2004): Jenaer Profilwandel: von der philosophischen zur rassisch und naturwissenschaftlich „ausgerichteten" Universität in der NS-Zeit. In: W. Buchholz [Hg.], Die Universität Greifswald und die deutsche Hochschullandschaft im 19. und 20. Jahrhundert, F. Steiner Verlag, Stuttgart, S. 217–269.

Stutz, R. (2012): Der Traum von Technopolis. Aufsätze zur Jenaer Stadt- und Unternehmensgeschichte, 1870er bis 1970er Jahre. Dößel: Verlag J. Stekovics.

Süß, W. (2003): Der „Volkskörper" im Krieg. München: Oldenbourg Wissenschafts-Verlag.

Weber, E. (1935): Einführung in die Variations- und Erblichkeits-Statistik. München: J. F. Lehmanns.

Weber, E. (1937a): Neue Ergebnisse der Zwillingsforschung. Volk und Rasse 12: 145–146.

Weber, E. (1937b): Neue Ergebnisse der Zwillingsforschung bei verschiedenen Krankheitsgruppen. Volk und Rasse 12: 358–361.

Weber, E. (1938): Neue Ergebnisse der Zwillingsforschung auf dem Gebiete der Nervenkrankheiten. Volk und Rasse 13: 287–290.

Weber, E. (1941): Die rassenhygienischen Gesetze und Maßnahmen in Deutschland. Neuland. Monatsschrift für praktische Rauschgiftbekämpfung, Heft 7/8, S. 96–100.

Weber, E. (1942): Dr. Agnes Bluhm. Eine deutsche Forscherin. Neuland. Monatsschrift für praktische Rauschgiftbekämpfung, Heft 2, S. 13-15.

Weber, H. & U. Hoßfeld (2006): Stichwort „Monismus". Naturwissenschaftliche Rundschau 59 (9): 521-522.

Weikart, R. (2004): From Darwin to Hitler. New York: Palgrave Macmillan.

Weikart, R. (2013): The Role of Darwinism in Nazi Racial Thought. German Studies Review 36 (3): 537-556.

Weindling, P. J. (1989): Health, race, and German politics between national unification and Nazism, 1870-1945. Cambridge/ New York: CUP.

Weingart, M., Kroll, J. & K. Bayertz (1988): Rasse, Blut, Gene. Geschichte der Eugenik und Rassenhygiene in Deutschland. Frankfurt/Main: Suhrkamp.

Weisenburger, E. (1997): Der »Rassepapst«. Hans Friedrich Karl Günther, Professor für Rassenkunde. In: M. Kißener & J. Scholtysseck, Hg., Führer der Provinz. NS-Biographien aus Baden und Württemberg, Universitätsverlag Konstanz, S. 161-199.

Wüst, W. (1939): Die Arbeit des Ahnenerbes. Der Biologe 8 (7/8): 241-245.

Zimmermann, S. (2000): Die Medizinische Fakultät der Universität Jena während der Zeit des Nationalsozialismus. Berlin: VWB.

Zimmermann, S.; M. Eggers & U. Hoßfeld (2001): Pioneering research into smoking and health in Nazi Germany: The „Wissenschaftliches Institut zur Erforschung der Tabakgefahren" in Jena. International Journal of Epidemiology 30: 35-37.